진랍풍토기(眞臘風土記)
캄보디아, 1296-1297년

주달관 저
최병욱 역

진랍풍토기(眞臘風土記)
캄보디아, 1296-1297년

주달관 저
최병욱 역

도서출판 산인

개정판에 대하여

초판 2쇄를 찍는 김에 판형을 늘이고 표지에 사진도 넣은 후 원제목 '진랍풍토기'에 부제를 보탰다. 사소한 변화라고 여겼는데 출판법의 세계에서는 이것이 새 책 만들기로 간주된다고 한다. 그래서 이 책은 개정판 같지도 않은 개정판이 되었다. 글자 몇 개를 손보고, 잘못 환산된 평수를 삭제한 외에 내용은 초판본의 것과 차이가 없음을 밝혀 둔다.

역자

역자의 말

『진랍풍토기(眞臘風土記)』는 13세기 중국 원나라의 사절을 수행하여 진랍(캄보디아)을 방문했던 주달관(周達觀)의 기록이다. 중국으로부터 베트남을 거쳐 캄보디아까지의 해로 및 수로, 육로 여정이 자세히 나타나고 1296~1297년 약 일 년여에 걸친 체류 기간 동안 필자가 보고 듣고 겪은 일들에 대한 내용이 건축, 종교, 여성, 교역, 의복, 출산, 농경, 문자, 촌락 등 약 40여 가지의 주제별로 상세하게 기록되어 있다. 이 책은 13세기의 캄보디아 역사를 이해하는데 필수적인 자료로서 가치가 크다. 아울러 동시기 동아시아 정세 및 문화 양상을 광범하게 조망하는 데도 크게 도움이 된다.

13세기 몽골의 흥성은 동아시아 국가들에게 재앙이었다. 아울러 원제국의 성립은 다양한 국가가 공존하고 견제하던 동아시아 국제질서의 파탄을 의미했다. 13세기 이전 동아시아 관계망 속에서 비교적 강력한 영향력을 행사하던 나라로서 한나라와 당나라가 있었다. 그런데 한의 국제 관계 범위는 조선과 남월(南越)을 넘지 못했고 당 역시 대동소이했다. 특히 이들 국가는 북방과 서방에 흉노나 토번 등 강적을 두고 있었기 때문에 동아시아의 유일 제국으로 자처할 만한 처지도 못되었다. 한·당 이외 13세기까지 중국 역사는 모두 분열의 시기였으니 온전한 중화질서는 무망했다. 송왕조가 가까스로 분열을 수습하였으나 세력은 미미했다.

원제국이 성립되기 바로 이전 12세기의 동아시아는 다채로운 국가들이 공존하던 다중심(多中心)의 동아시아 국제질서가 구현되어 있었다. 중국의 남부에는 송이 있었고, 북부에는 거란의 요나라, 여진의 금나라, 그리고 고려가 있었다. 중국 서남부 운남 지역에는 백족(白族)의 대리국(大理國)이 건재했다. 일본은 실정(室町, 무로마찌) 막부 집권기였으며, 베트남 홍하델타 지역에서는 리(Lý) 왕조의 대월국(大越國)이 그 아래 현 베트남 중부 지역에 근거한 참파와 경쟁하며 인도차이나의 강국으로 성장하고 있었다. 그리고 캄보디아는 앙코르왓을 건설한 수리야바르만 2세(Suryavarman, 1113~1150)의 치하였다. 버마에서는 파간(Pagan) 왕조가 발전을 구가하고 있었고, 바다 건너 인도네시아 쪽에는 마타람(Mataram) 왕조가 번영했다. 송나라는 비교적 취약하다고 생각되던 남쪽으로 눈을 돌려 베트남을 두 번이나 공격했지만 실패했고 오히려 베트남이 다시 송을 공격하는 상황이 전개된 데서 상징되듯 당시의 동아시아 세계에서 중국(송)은 단지 여러 정치 중심 중의 하나에 불과했다. 국제관계는 평등했고 문화는 다채로웠다.

이 질서를 파괴하고 대제국을 건설해서, 또는 '중국'의 범위를 크게 확장해서 중국을 동아시아의 절대 강자로 만들어내고 중국 대륙이 세계의 중심이라는 조공질서체제(적어도 중국 입장에서는)를 구축하는 주체가 바로 13세기에 수립된 원제국이었던 것이다. 원의 유산은 이후 명·청으로 승계되었다.

그런데 사실, 원제국의 동아시아 공략이 각지에 막대한 피해를 주었음은 사실이지만 그 결과가 화려한 승리 일색이었다고는 말할 수 없다. 성공의 사례로는 금나라(1234), 대리국(1253), 남송(1279) 등을 멸망시키고 고려(1254)의 항복을 받아낸 것을 들 수 있다. 그러나 일본(1274, 1281), 베트남(1257, 1284, 1287), 참파(1283), 버마(1277, 1283), 인도네시아(1292) 공략은 실패했다.

주달관 일행이 1296년 캄보디아에 온 것은 호전적인 쿠빌라이가 사망한 후 재정립된 원제국의 평화적 외교 관계 지향 노력의 일환이기도 하였지만 그보다 더 근본적인 이유는 일련의 대외 원정 실패에서 얻은 교훈때문이었다고 보는 것이 더 타당하다. 주달관 일행은 캄보디아로부터의 '조공사절단'을 청하는 '청공사절(請貢使節)' 또는 '빙공사절(聘貢使節)'로서의 성격이 강했다.

군사와 외교 노력에 의해 원제국은 자신을 중심으로 하는 국제 질서를 수립하게 되었으나 그 질서를 떠받치는 주요 축은 동쪽과 남쪽이었다. 동으로는 일본과 고려가 있고 남쪽으로는 버마의 아바 왕조, 태국의 수코타이, 베트남, 참파, 캄보디아, 그리고 인도네시아의 신흥 마자파힛(Majapahit) 제국이 매우 느슨한 형태로 원제국과 외교 관계를 수립하고 있었다.

이중 캄보디아는 왕조가 개창된 지 500년이 되어 가는 노대국이었다. 캄보디아의 주민족인 크메르인은 티벳 방면으로부터 동남아시아로 이주해 들어와 메콩을 따라 남진하다가 톤레삽(Tonle Sap) 호수 주변에 정착하고 주변으로 세력을 확대하기 시작했다. 캄보디아 역사의 시작을 통상 6세기로 잡지만 확실한 왕조 개창의 모습을 보이는 시기는 자야바르만 2세(Jayavarman, 802~850) 때였다. 톤레삽 주변의 농업 및 수산자원, 동서 육상 교역로 상의 이점 등을 활용하면서 성장한 캄보디아는 10세기에 들어 총 16km에 이르는 정방형의 성곽을 건설할 정도로 왕권이 신장되고 11세기에는 영역이 서쪽으로 버마 동남부, 말레이 반도에 이르고 베트남에도 종종 원정대를 보낼 만큼 강력해졌다. 12세기 수리야바르만 2세 시기에는 앙코르왓(Angkor Wat) 건설로 상징되는 번영기를 누렸다. 13세기에 들어서 자야바르만 7세(1181~1218)의 리더십 하에 가히 불국(佛國)의 도시라 부를 만한 앙코르톰(Angkor Thom)이 건설되고 대승과 소승 불교가 공존하며 발전하였다. 자야바르만 7세 사후 13세기 말까지 세 명의 왕이 더 있었는데, 원의 사절을 맞은 왕은 인드라바르만 2세(Indravarman, 1219~1243), 자야바르만 8세(1243~1295)를 이은 인드라바르만 3세(1295~1308)였다.

주달관은 호가 초정일민(草庭逸民)으로 절강성 온주로(溫州路) 영가현(永嘉縣) 사람이다.[1] 하지만 이 사실 외에는 정확한 생몰 연대나 이력을 전혀 알 수가 없다. 대략이지만, 그의 생년은 1260년 전후이며 그가 『진랍풍토기』를 쓴 때는 1312년 이전이고, 사망 시기는 1346년 이후일 것이라는 和田久德(화전구덕, 와다히사무네)의 견해는 합당해 보인다.[2] 주달관은 사십 전후의 장년 나이에 캄보디아로 가서 일 년을 살았던 것이며 80 넘게 장수한 건강 체질이었다. 그가 캄보디아 체류 기간 적극적으로 사물을 관찰하고 기록했던 데는 그의 건강이 한몫했었던가 보다.

『진랍풍토기』가 언제 최초로 책으로 만들어졌는지는 알 수 없다. 단지 원대의 학자 오구연(吾邱衍, ?~1312)의 『죽소산방집(竹素山房集)』권2에 주달관의 캄보디아 방문과 풍물 기록에 대한 언급이 나오는 것에 비추어, 오구연이 사망한 1312년 이전에 주달관의 저작이 세상에 나왔다는 사실 정도만 확인되고 있을 따름이다.[3]

---

1   夏鼐, 『眞臘風土記校注』, 中外交通史籍叢刊(北京: 中華書局, 2006), p. 2.
2   和田久德, 『眞臘風土記-アンコール期のカンボジア』(東京: 平凡社, 1989), pp. 137; 139.
3   夏鼐, p. 2.

이 책의 가치는 일찍부터 인정되어 명대부터 청대까지 약 10개 정도의 판본이 만들어졌다. 이 판본의 수효나 내용 설명은 『진랍풍토기』를 교주한 사람에 따라 다소의 차이가 나는데, 그 중 金榮華(김영화, 찐잉후아)가 정리한 바에 의하면 다음과 같다.

1. 설부(說郛) 120권본 중 제 62권
2. 설부(說郛) 100권본 중 제 39권
3. 설부(說郛) 69권본
4. 역대소사본(歷代小史本)
5. 고금일사본(古今逸史本)
6. 고금설해본(古今說海本)
7. 명중집백천학해본(明重輯百川學海本)
8. 고금도서집성본(古今圖書集成本)
9. 사고전서본(四庫全書本)
10. 설고본(說庫本)

이 외에도 단행본 형태로 몇 가지가 더 있으나 대부분 위의 10개 본에 속한 것이든가 그 중의 하나를 채록한 것이다. 하지만 그 중에는 서로 베껴 적은 것으로 보이는 것들도 있어서 반드시 각각 독립적인 판본이라 하기도 어렵다. 또 판본에 따라서는 글자 누락이 확실한 것, 표제가 빠진 것, 독립적인 주제들이 하나로 합쳐진 것, 표제가 다른 본과 현격히 다른 것 등 옮겨 적는 과정에서 실수나 왜곡이 보이는 경우도 많다. 그리고 10개의 각 본은 출판 시기나 지역별로 또 몇 개씩의 판본을 갖고 있다. 예를 들어 '고금설해본'은 명나라 육집(陸楫)이 편집한 것으로서 1544년 엄산서원간본(儼山書院刊本), 1821년 서산

당번각본(西山堂翻刻本), 1909년 상해집성도서공사배인본(上海集成圖書公司排印本), 1915년 상해진보서국석인본(上海進步書局石印本) 등이 있다. 金榮華의 조사에 따르면 10개의 판본 중에서 '고금일사본', '역대소사본', 그리고 '사고전서본'이 가장 믿을 만하다고 한다. 이외 각 판본의 문제점이나 자세한 계보에 대해서는 金榮華의 설명을 참고하기 바란다.[4]

『진랍풍토기』 최초 번역은 1819년 프랑스 학자 장삐에르 레뮤사(Jean-Pierre Abel Rémusat, 1788~1832)에 의해 이루어졌다. 金榮華에 따르면 이 번역 작업에서는 '고금도서집성본'을 저본(底本)으로 삼았다고 한다. 해설이 딸린 온전한 형태의 번역은 하노이에 있던 프랑스원동학원(École Française d'Extrême Orient) 연구원으로서 우리에게는 혜초의 '왕오천축국전'을 돈황 석굴에서 발견한 인물로 잘 알려진 뽈 뻴리오(Paul Pelliot, 1878~1945)에 의해서였으며(1902) 뻴리오 사후 1951년 조르쥬 세데스(George Cœdès, 1886~1969)의 작업으로 뻴리오 본 완결판이 나왔다: *Mémoires sur les coutumes du Cambodge de Tcheou Ta-Kouan* (Paris: Librarie d'Amerique et d'Orient). 이는 '고금설해본'을 번역한 것인데, 전체 178쪽 중 27쪽(pp. 9-35)이 원문 번역이고, 142쪽(pp. 37-178)이 주석이다. 뻴리오는 원문 번역의 수십 배가 되는 분량의 주석 작업을 시도했던 것 같다. 『진랍풍토기』의 서문에 해당하는 '총서'에 대한 그의 번역문은 2쪽(pp. 9-10)에 불과하지만 이 '총서'에 대한 주석은 43쪽(pp. 82-124)에 달하며, 2쪽 분량의 '성곽' 조 주석은 20쪽(pp. 125-144), 1쪽 분량의 '궁실' 주석은 15쪽(pp. 144-158)이다. 그의 주석은 매우 치밀하며

4　金榮華,『眞臘風土記校注』(臺北: 中正書局, 1976), pp. 1-14.

동원되는 서적은 방대하고 구사하는 언어는 다양하다. 주석이 자세하다 보니 예를 들어 원제국이 참파를 지배했다는 기사에 이르러 그의 설명은 무려 21쪽(pp. 99-119)에 이르기도 한다. 그러나 이는 미완의 책이다. 그의 주석은 본문 세 번째 항목 '복식' 조의 초반부에서 중단되었다. 뽈 뻴리오의 번역본은 1960년대에 영어로 다시 번역(주석은 빼고)되었다. 앙코르왓에 대한 관심 및 방문이 크게 증가할 때 이 영문 번역본(주석은 빼고)은 캄보디아를 방문하는 구미인의 필독서 역할을 했던 적이 있었다. 금번 내가 참고한 것은 J 질먼 다르시 폴(J. Gilman d'Arcy Paul)이 번역한 *The Customs of Cambodia* (Bangkok: Siam Society, 1993)이다.[5]

캄보디아에서는 1972년에 『진랍풍토기』 번역본이 『진랍인의 전통에 대한 주달관의 연대기(Kom Nort Het Roboars Chiv Takwan 껌 넛 하앳 롭보 찌우 따콴)』(Phnom Penh: Mohaleap Printing House)라는 제목을 달고 출판되었다. 번역을 주관한 Ly Theam Teng(리티 엠떠잉)은 이름에서도 알 수 있듯 중국인의 후예이다. 하지만 한문은 거의 읽지 못했다고 한다. 캄보디아 문학자로서 활발히 활동했던 그는 1962년 문화사절단을 이끌고 중국을 방문했을 때 북경도서관에서 사진으로 찍어온 『진랍풍토기』 원본을 이용하여 한문을 다소 할 줄 아는 동료 및 스승 엉라이, 마웅, 땅쏘이꽁의 도움에 힘입어 뽈 뻴리오 번역본과 상호 대조하면서 번역하고 해설을 달았다고 한다. 어떤 원본을 사용했는지는 밝히고 있지 않은데 머리말에 명 오관(吳琯)

---

[5] 유사한 성격의 책으로 Michael Smithies의 *The Customs of Cambodia*(Bangkok: The Siam Society, 2001)가 있다. 번역자의 각주가 조금 추가되었지만 한자 원본 분석에 기초한 것은 아니다. 훌륭한 사진들을 곁들여 크고 고급스럽게 만든 책이다.

이 다시 썼다는 말이 나오고 명대에 판각한 '고금일사본' 하나가 북경 대 도서관에 소장되었다는 金榮華의 전언을[6] 참고한다면 캄보디아어 번역에 사용된 원본은 혹 이 책이 아니었나 한다. 특이한 점은 예로부터 캄보디아에 조주(潮州) 출신 중국인이 많았음을 이유로 하여 원본상의 중국어 발음 및 한자를 통한 크메르 발음은 모두 조주 발음을 기초로 하여 표기하고 유추했다는 것이다. 이번에 본인이 참고한 책은 1972년에 나온 3쇄본인데, 당시 5,000부나 찍었다니 놀랍다. 이 본이 현재까지도 줄곧 재인쇄되어 캄보디아 서점에서 유통되고 있다. 번역은 대체로 무난하다. 그러나 의도적 왜곡 번역은 눈길을 끈다. 국가 또는 민족간 우열의식이 담겨 있는 내용을 평등한 표현으로 바꾸는 데 고심한 흔적이 역력하다. 예를 들어 '초유하러 보냈다'를 '외교 사절을 파견했다'고 한다든가, '신복시켰다'를 '환대받았다'로 바꾸는 것 등이다. 이런 사례들은 1970년을 전후한 시기의 캄보디아 - 중국 양국 관계라든가 캄보디아의 민족주의적 각성을 엿볼 수 있는 매우 중요한 단서가 되리라 생각한다.

　베트남에서는 번역서가 1973년 사이공에서 *Chân Lạp Phong Thổ Ký*(진랍풍토기)(Saigon: Kỷ Nguyên Mới)라는 제목으로 출판되었다. 남부 출신 학자로 크메르 문화 연구에 조예가 깊은 레흐엉 (Lê Hương)에 의해서였는데, '고금일사본'을 번역한 것이다. 원본도 실려 있다. 다양한 관련 사진 및 그림이 있고 주석도 충실한 편이다. 이 책은 2007년 사이공에 있는 Văn Nghệ 출판사에서 다시 인쇄되었다. 하노이에서는 2006년에 번역서가 나왔다(*Chân Lạp Phong Thổ Ký*, Thế Giới, Hanoi). 원로 역사·고고학자 하반떤(Hà Văn Tấn)이 번

6　金榮華, p. 3.

역하고 소장 역사학자 응우옌응옥푹(Nguyễn Ngọc Phúc)이 주석을 달았다. '사고전서본'을 저본으로 한 번역은 비교적 충실하지만 (원문도 있다) 주석은 소략하고 형식적이기 그지없다. 기초적인 자료 소개 수준이라고 보면 될 것이다.

중국인들의 『진랍풍토기』에 대한 관심도 높아서 여러 학자 사이에서 연구되어 왔다. 특히 1976년 臺北에서 출판된 金榮華의 『진랍풍토기교주(眞臘風土記校注)』는 '고금일사본'을 저본으로 한 최초의 교주서로 다양한 판본을 세밀하게 비교 분석한 역작이다. 1975년에는 홍콩의 지리학자 陳正祥이 『진랍풍토기연구(眞臘風土記硏究)』(中文大學校)를 출판한 바 있다. 대륙에서는 夏鼐(하내, 쌰나이)의 주석서가 1980년대 초에 처음 선보였고 이후 '진랍풍토기교주(眞臘風土記校注)'라는 제목으로 북경 중화서국(中華書局) 판 『중외교통사적총간(中外交通史籍叢刊)』(2000년 초판, 2006년 재판)에 실렸다. 夏鼐가 저본으로 삼은 것은 '고금일사본'으로 1940년 상해상무인서관(上海商務印書館) 영인본이다. 중국인 학자들의 작업은 공히 현대 백화문으로의 번역이 아닌 원문에 대한 교감과 주석이다.

和田久德에 따르면[7] 일본에서는 이미 1940년대에 『진랍풍토기』 번역본들이 나왔다고 한다. 그러나 번역자가 '송풍거주인(松楓居住人)'이니 '외무성조사부(外務省調査部)'니 하는 것으로 보아 본격적 번역서라기보다는 원문의 방점 표시나 뻴리오 번역문 소개 정도였던 것 같다. 이후 1980년대에 三宅一良, 中村哲夫의 『考證眞臘風土記』(同朋舍, 1980), 和田久德의 『眞臘風土記 - アンコール期のカンボジア』(東京: 平凡社, 1989)가 출판되었다. 和田久德의 책은 관련 사

---

[7] 和田久德, pp. 154-155.

진도 등재하고 『진랍풍토기』에 등장하는 캄보디아어도 자세히 해설하고 있는 점이 눈에 띈다. 이 번역서는 현존하는 최고(最古) 판본 즉 1544년 명나라 육집이 엮고 엄산서원에서 간행된 『고금설해』 중의 『진랍풍토기』 원본을 그대로 사진을 찍어 첨부했기 때문에 정확하게 원본 대조를 할 수 있는 장점이 있다.

　최근에는 영어본 번역서(*A Record of Cambodia, the Land and Its People*, Silkworm Books, Chiangmai, 2007)도 출간되었다. 원문에 근거한 첫 영어 번역서이자 뽈 뻴리오 이후 두 번째 서양어 번역서이다. 번역자 피터 해리스(Peter Harris)는 뉴질랜드에 있는 전략연구센터(Center for Strategic Studies) 선임연구원이자 웰링턴 빅토리아 대학(Victoria University of Wellington)의 동양학원(Asian Studies Institute) 연구원으로서 중국학 전공자이다. 많은 공을 들였음 직한 좋은 사진들, 충실한 작품 해설, 풍부한 주석, 참고도서 목록 및 색인 등이 갖추어진 제대로 된 책이다. 원문은 夏鼐의 『진랍풍토기교주(眞臘風土記校註)』것을 사용했다.

　『진랍풍토기』의 국내 번역 소개는 2003년에 이루어졌다. 대중에게 동남아시아 고대 불교유적에 관한 안내서를 꾸준히 선보이고 있는 서규석이 그의 저서 『신화가 만든 문명 앙코르와트』(리북, 2003) 중 제 4부 '앙코르 시대로의 시간여행'이란 제목으로 『진랍풍토기』를 번역했다. 뽈 뻴리오의 영어 번역본과 張宗祥이 상해에서 간행한 '설부69권본' 중의 '진랍풍토기'를 저본으로 사용한 것 같다. 출전은 일일이 밝히지 않았으나 간단하게 보조 설명도 달아 놓았다. 대중서로 이토록 다양한 사진을 첨부하면서 『진랍풍토기』 '첫 번역' 작업을 이루어 낸 공이 크다. 그 뒤 개인이 아닌 '전자불전·문화재콘텐츠연구소 편'으로 2007년에 두 번째의 『진랍풍토기』 번역서가 『앙코르 문

명에 관한 최초의 기행문 진랍풍토기』(백산자료원)라는 이름을 갖고 출간되었다. '사고전서본'의 원문도 전사(轉寫)하여 실었다. 주석 내용은 대부분 和田久德의『眞臘風土記 - アンコール期のカンボジア』 각주 내용을 옮겨 놓았다.

앙코르왓이나 주변의 유적군과 관련해 국내에서는 꽤 많은 책들이 지난 10여 년간 출판되었다. 외국책 번역본도 있지만 찬찬한 현지 조사를 바탕으로 좋은 사진들을 곁들여 만든 수준 높은 책이 대부분이다. 이 책의 필자들이 하나같이 캄보디아 또는 동남아시아 역사와 관련된 체계적 학문 훈련 배경을 갖지 않았음에도 이렇듯 진지한 책들을 생산했다는 것이 참으로 놀랍다. 앙코르 문명에 대한 경외와 존중 및 사랑의 염이 그만큼 크기 때문이 아니었겠는가. 하기사 전문가가 따로 있겠는가? 깊이 사랑하고 존중하며 열심히 공부하면 전문가인 것이다. 여행가, 역사가, 철학자, 문학가가 쓴 이 책들에는 다양한 형태로『진랍풍토기』가 이용되고 있다. 그리고 그중에는『진랍풍토기』의 일부 내용을 수준 높은 한문 실력으로 번역해 내면서 새로운 해석을 시도하는 경우도 있다. 이 책들은 모두 내가 미처 돌아보지 못하고 공부하지 못한 내용들을 이해하는 데 큰 도움이 되었으며『진랍풍토기』를 해석하는 데도 많은 영감을 제공했다. 단지 본서에서는 나처럼 오랜 시간을 들여『진랍풍토기』전체 내용과 씨름했던 학문적 결과물만을 참고 자료로 이용할 것이어서『진랍풍토기』의 내용이 부분적으로만 인용된 이 책들은 내 책에서 언급하지 않겠다. 그러나 이 책들이 보이는 관심과 궁금증에 대한 보언(補言)과 답변은 내 책의 해설 속에 일부 반영하였음을 밝히는 바이다.

『진랍풍토기』는 역사학에서 중요한 사료로 이용되는 여행기록 장르이다. 피터 해리스는 거의 동시대 마르코 폴로의 견문록에 주달관의 책을 견주고 있다. 다른 점이라면, 마르코 폴로의 여행기와 달리 한 나라를 집중적으로 다루고 있고 기록이 세세하며 정확하다는 것이다.[8]

주달관의 기록과 같은 여행기라면 우리로서는 서긍(徐兢, 1091~1153)의 『고려도경(高麗圖經)』을 떠올리지 않을 수 없다. 『고려도경』과 『진랍풍토기』는 중국인에 의한 외국 관찰이라는 공통점을 갖는다. 여행기로되 파견 사신에 의해 기록된 것이기에 화이적 관념에 많이 물들어 있으면서도 수준 높은 유교 교육을 받은 지식인에 의해 작성된 것이어서 적어도 본 것의 내용은 믿을 만하다. 그러나 『고려도경』에서는 서긍의 말마따나 자신이 "고려에 머문 기간은 [1123년, 음력 6월부터] 겨우 한 달 남짓이었고 [고려에서] 객관을 제공한 다음에는 군사가 지키므로 객관을 나선 게 대여섯 번에 불과하였다"[9]는 이유 때문인지 견문의 범위가 극히 한정되어 있다. 그의 관찰 범위는 주로 궁실 및 그 주변에서 보이는 건축물, 군인의 복장, 사신 접대, 의례 및 이와 관련된 그릇, 의장대 같은 것에 주로 한정되어 있고 중국과 고려 사이의 바닷길(海道)에 대한 기술도 6장이나 차지한다. 고려인의 생활상과 관련된 부분은 전체 40개 장(서문 제외) 중 채 5개 장이 될까 말까이며 기술도 소략한 편이다.[10] 반면 주달관은 일반인의

---

8 Harris, pp. 1-2.
9 徐兢 저, 조동원 외 역주, 『고려도경』(서울: 황소자리, 2005), p. 44.
10 앞의 역주본에 따르면 『고려도경』의 구성은 다음과 같다: 1. 건국(建國), 2. 세차(世次), 3. 성읍(城邑), 4. 궁궐문(門闕), 5. 궁전(宮殿)1, 6. 궁전(宮殿)2, 7. 관복(官服), 8. 인물(人物), 9. 의례용품(儀物)1, 10. 의례용품(儀物)2, 11. 의장대(仗衛)1, 12. 의장대(仗衛)2, 13. 병기(兵器), 14. 기치(旗幟), 15. 수레와 말(車馬), 16. 관부(官府), 17. 사우(祠宇), 18. 도교(道敎), 19. 백성(民庶), 20. 부인(婦人), 21. 하급 관리(皂隷), 22. 풍속(雜俗)1, 23. 풍속(雜俗)2, 24. 사절의 행렬(節仗), 25. 조서를 받는 절차(受詔), 26. 연회 의례(燕禮), 27. 관사(館舍), 28. 장막류(供張)1, 29. 장막류(供張)2, 30. 생활용기(器皿)1, 31. 생활용기(器皿)2, 32. 생활용기(器皿)3, 33. 배(舟楫), 34. 바닷길(海道)1, 35. 바닷길(海道)2, 36. 바닷길(海

생활상에 훨씬 더 많은 지면을 할애하고 있다. 그 예로 두 사람 다 '人物' 조를 두고 있는데, 서긍의 '人物'은 김부식이나 이자겸 등 당시 고려의 실력자들을 기술하는데 비해 주달관의 '人物'에서는 일반인의 생김새를 논하고 있음은 두 책의 극명한 차이를 상징한다 하겠다. 12세기 고려의 상부구조에 대한 기술은 서긍의 것이 정교하고 13세기 캄보디아인의 생활상에 대한 정보는 주달관의 것이 풍부하다.

본인이 금번 세상에 내놓고자 하는 책은 『진랍풍토기』 번역 및 해설서이다. 『진랍풍토기』는 총 41개의 장으로 이루어졌는데(서문에 해당되는 '總敍'를 빼면 40장) 원문 소개는 각 장별로 몰아서 하는 것이 아니라 각 장에서 다시 내용을 세분해 한 개의 정황씩 즉 세부 주제 단위로 끊는 방식을 택했다. 그래서 각 장별로 '원문'-'번역'-'해설'로 이루어진 몇 개의 내용 묶음이 배치된다. 내 해설의 성격은 다소 긴 각주를 본문 속으로 끌어 올린 형태라고 보면 된다. 그런데 그 내용은 출전 표시나 자세한 글자 분석보다는 원문 내용에 기초한 정황 설명이 주를 이룬다. 즉 사료 분석에 비중을 둔 글이다.

내가 왜 각 장을 다시 세분해 소개했는지 이유를 밝히자면 다음과 같다. 주달관의 글을 세밀히 읽어 보면, 총 41개의 각 주제 안에 여러 개의 세부 항목이 있다. 현재의 글쓰기에 비유하자면 문단 같은 것이라고도 할 수 있는데 견문록이다 보니 일반적 문단보다 더 풍부한 정보를 압축적으로 담고 있다. 그런데 매우 흥미롭게도 주달관은 각각의 문단을 시작하면서 주제를 포괄하는 핵심 문장(key sentence)을 위치시키고 있다. 이는 현대의 학술적 글쓰기에서도 많은 경우 무시되거나, 설사 관심을 갖는다고 해도 체득하기가 힘든 기술이다. 필자

道)3, 37. 바닷길(海道)4, 38. 바닷길(海道)5, 39. 바닷길(海道)6, 40. 동일한 문물(同文).

가 보기에 주달관은 이 방법을 적용하려고 애쓰고 있다. 독자들께서는 내가 잘라 놓은 각 항목의 원문이 시작 후 얼마 되지 않아 방점이 찍히는 것을, 그리고 번역에서는 매 첫 문장이 해당 주제에 대한 포괄적 의미를 담으면서도 매우 간결하게 끝나는 모습을 발견하게 될 것이다. 뽈 뺄리오도 각 장을 몇 개의 문단으로 나누어 정리하는 방법을 취했다. 和田久德이나 피터 해리스도 마찬가지이다. 나의 문단 구분은 이들 선학들의 그것과 일치하는 곳도 종종 있지만 대체적으로 훨씬 자세하다.

원문을 둔 이유는 원문과 번역 대조를 위함이기도 하지만 그보다 더 중요한 것은 이번 기회에 가장 완전한 본을 만들어 보고 싶은 욕심에서이다. 그러기 위해서 우선은 현재까지 나온 가장 탄탄한 원본을 선택해야 했다. 본인은 뺄리오의 번역본, 金榮華의 『眞臘風土記校注』, 夏鼐의 동일 제목서, 和田久德의 번역본, 그리고 캄보디아 및 베트남 번역본 등을 검토해 본 결과 金榮華 본이 가장 마음에 들었다. 이것을 나의 저본으로 삼았다.

金榮華의 저본은 '고금일사본'이라고 앞서 말했다. '고금일사본'은 명나라 오관(吳琯)이 집간(輯刊)한 것으로서 金榮華는 함분루(涵芬樓) 소장 명대본(明代本)의 상해상무인서관(上海商務印書館) 영인본(1940)을 사용한 것 같다. 그는 '설부100권본'과 '설부69권본'을 두 개의 보조 저본으로 삼고, '고금설해본', '사고전서본' 및 그외 다른 단행본 판본들을 동원하여 교감하였다. 그는 문서 작업과 더불어 앙코르 지역 현지조사를 통해서 실증적 대조 작업까지 행하였다. 완벽한 저본을 만들고자 한 그의 노력을 나는 대단히 존중하는 바이다. 그러나 어느 교주서나 다 그러하듯이 실수는 나오게 되어 있다. 교주서 작업이란 참으로 끝이 보이지 않는 무한정의 소모전 같기도 하다. 번역 작업도 마찬가지이다. 앞서 소개한 어떤 번역서에서도 오류가 나타나지 않는 경우는 하나도 없다. 능력이 미치지 못해서이기도 하지만 책으로 나오기까지의 여러 과정에서 생길 수 있는 어처구니 없는 실수 탓이기도 하다. 내 작업에서도 오류가 발견되지 않으리라는 보장이 없다.

 나는 단지 조금 더 완전한 판본을 만드는 데 미력이나마 힘을 보태는 의미로 '김영화본'에 내 의견을 덧붙이고 수정도 가하였다. 방점은 내가 다시 찍었다. 각 장의 번호도 내가 매겼다. 원문의 한글 표시를 둔 것은 관행에 어긋나 보이기도 할 터이다. 그러나 원문 중에는 아주 읽기 고약한 글자가 종종 나온다. 글자를 찾기 위해 시간도 많이 소요될 것이기에 독자의 편의를 위해서 독음을 두었다.

 역자로서 캄보디아어의 어원이나 통일된 표기법을 스스로 제시하지 못하는 한계가 매우 부끄럽기 그지없다. 캄보디아어 발음 및 단어 설명은 주로 和田久德의 설명을 따르기로 하겠는데 로마자 음역으로 표기한다. 和田久德은 高橋保의 「『眞臘風土記』にみえるカンボジア語について」(『東南アジア-歷史と文化』2, 1972)를 통해 주달관이 사용한 캄보디아 어휘를 충분히 정리한 데다가 동경외국어대학 아시아·아프리카 언어문화연구소의 坂本恭章 교수 등의 도움까지 받았다고 밝혔기 때문에 신뢰할 만하다. 물론 내가 수긍하는 한도 내에서만 말이다. 우미한 캄보디아 원어 표기가 아니라 로마자화된 음역 시스템(transliteration system)으로써는 어차피 정확한 음가를 표현하지 못한다. 표기의 일관성도 담보할 수 없고 말이다. 사람에 따라 다르고 집단에 따라 다르며 지역에 따라 주장하는 바가 다 다르다. 독자께서는 이를 감안하고 이해해 주시기 바란다. 재인용 사항은 표기하지 않고 출전은 일괄적으로 和田久德의 책 페이지만 밝히도록 하겠다. 金榮華는 한자-캄보디아어 문자대조표를 부록으로 첨부했으

나 본인이 캄보디아어를 모른다고 한사코 겸사하되 도움을 받거나 참고한 출처를 밝혀 놓고 있지 않으니 단지 보조적으로만 사용하도록 하겠다. 때에 따라서는 夏鼐의 주장도 인용될 것이다. 내가 쓴 캄보디아어는 현 캄보디아어에 가깝게 한글로 표시하겠다. 단지 인명이나 서명 등 몇 가지 부득이한 경우 영문으로 먼저 표기하고 뒤에 한글 표기를 두었다. 이 모든 캄보디아어 표기는 캄보디아 왕립학술원(Royal Academy of Cambodia)에서 역사와 문화를 강의하는 옴본(Oum Vonn) 선생과 함께 검증했다.

나는 이 책을 만드는 과정에서 많은 분들의 도움을 받았다. 베트남 띠엔장 대학교의 응우옌푹응이엡(Nguyễn Phúc Nghiệp) 교수는 2011년 여름 이십여 일 동안 내가 메콩의 바람 아래서 온전히 원고의 교정 작업을 할 수 있도록 작업 공간과 숙소를 마련해 주었을 뿐만 아니라 번역과 관련된 여러 가지 논의에 적극적으로 의견을 개진해 주면서 나의 작업을 도와주었다. 2011년 2학기부터 한국고등교육재단의 국제학술교류 지원사업 프로그램으로, 나와 한 사무실을 쓰게 된 베트남학연구원(하노이 소재)의 쩐타인하(Trần Thanh Hà) 박사는 동남아인문지리가 전공이어서 유용한 지리 지식을 내게 제공해 주었다. 옴본 선생은 하 박사의 소개로 인천을 찾게 된 것이고(그도 쩐타인하 박사와 같은 프로그램 수혜자였다) 이 책에 대한 그의 공헌은 다대했다. 처음에 나는 옴본 선생에게 크메르어 비정에 도움을 주는 정도의 역할만 기대했다. 그런데 그의 학문적 깊이와 열정을 알게 되면서 나는 그에게 내 번역과 캄보디아 번역본을 처음부터 끝까지 함께 비교하는 작업을 제안했다. 그와 더불어 『진랍풍토기』를 논하며 보낸 2011~2012년에 걸친 삼동(三冬)은 유난스러운 혹한과 다설(多雪)에도 불구하고 나에게는 오히려 온화양광(溫和陽光)한 시간이었다. 책 출판을 위해 크게 애써 주시고 한문 번역의 오류를 잡아 주신 같은 과 우경섭 교수께 깊은 감사의 맘을 전하는 바이다. 그의 도움이 없었으면 이 책의 번역은 삼류 수준에 머물렀을 것이다.

산인의 권오진 사장은 동남아시아에 대한 책을 전문적으로 만들어 내기로 작정한 분이다. 그의 도전 정신이 『진랍풍토기』를 우리나라 독서계에 내 놓을 수 있게 한 힘이었다. 정성스레 책을 만들어 주신 다인아트의 장윤미, 유봉희 님께 감사드린다. 내 거친 글자의 조합이 이분들 손에서 멋진 책으로 바뀌는 마술같은 과정을 보면서 나는 무척 행복했다. 제자 서원익, 최원준 군은 밝은 눈으로 교정을 보아주었다. 고맙기도 하고 대견하기도 하다.

『진랍풍토기』는 13세기 캄보디아 및 캄보디아인을 이해하는 데만 유용한 책이 아니다. 이 책 안에는 중국(원나라), 중국인(주달관), 동남아 거주 화교, 태국(인), 소수민족이 등장한다. 동남아시아의 문화와 전통이 드러나고, 동남아와 동북아를 잇는 교류와 교역의 면모들이 산재한다. 주달관이 그리는 캄보디아의 모습을 통해 우리는 동시대 우리의 국제 관계, 생활상, 종교 등을 다시 돌아보게 된다. 캄보디아의 불교나 중국인을 통한 해상교역, 다양한 물산의 생산 및 유통 등은 실제 우리와 직접적인 관련을 갖는 것들이었다. 글의 곳곳에 깊이 배어 있는 주달관의 화이적(華夷的) 세계관 속에서 당시 우리의 선조들은 '화'가 아닌 '이'의 범주 속에 있었음을 자각하며(『고려도경』을 함께 읽어 보면 이 자각이 더 빨라진다) '화'의 중국 보다는 '이'의 캄보디아에서 우리의 연대를 찾아보려는 시도를 독자들께서 한 번이라도 해보게 된다면 내 작업은 헛되지 않았다고 할 수 있겠다.

아산 牛二齋에서 역자 씀

차 례

개정판에 대하여 _ 4
역자의 말 _ 5

1. 총서 (總敍) ·· 24
2. 성곽 (城廓) ·· 41
3. 궁실 (宮室) ·· 58
4. 복식 (服飾) ·· 66
5. 관속 (官屬) ·· 72
6. 삼교 (三教) ·· 75
7. 인물 (人物) ·· 86
8. 산부 (産婦) ·· 95
9. 실녀 (室女) ·· 100
10. 노비 (奴婢) ··· 114
11. 어언 (語言) ··· 121
12. 야인 (野人) ··· 127
13. 문자 (文字) ··· 130
14. 정삭시서 (正朔時序) ································ 134
15. 쟁송 (爭訟) ··· 142
16. 병라 (病癩) ··· 50
17. 사망 (死亡) ··· 154
18. 경종 (耕種) ··· 158
19. 산천 (山川) ··· 166
20. 출산 (出産) ··· 169
21. 무역 (貿易) ··· 180
22. 욕득당화 (欲得唐貨) ································ 183

23. 초목(草木) …………………………………… 185
24. 비조(飛鳥) …………………………………… 187
25. 주수(走獸) …………………………………… 188
26. 소채(蔬菜) …………………………………… 191
27. 어룡(魚龍) …………………………………… 193
28. 온양(醞釀) …………………………………… 195
29. 염초장국(鹽醋醬麴) ………………………… 197
30. 잠상(蠶桑) …………………………………… 199
31. 기용(器用) …………………………………… 201
32. 거교(車轎) …………………………………… 207
33. 주즙(舟楫) …………………………………… 209
34. 속군(屬郡) …………………………………… 212
35. 촌락(村落) …………………………………… 214
36. 취담(取膽) …………………………………… 216
37. 이사(異事) …………………………………… 219
38. 조욕(澡浴) …………………………………… 220
39. 유우(流寓) …………………………………… 225
40. 군마(軍馬) …………………………………… 226
41. 국주출입(國主出入) ………………………… 229

에필로그 _ 245
참고자료 _ 247
찾아보기 _ 249

1. 총서(總敍)

眞臘國或稱占臘, 其國自稱曰甘孛智. 今聖朝,
진랍국혹칭점랍 기국자칭왈감패지 금성조
按西番經, 名其國[1]曰澉浦只, 蓋亦甘孛智之近音也.
안 서 번 경 명 기 국 왈 감 포 지 개 역 감 패 지 지 근 음 야

진랍국은 혹 점랍이라고도 부르는데, 그 나라에서는 스스로 감패지라 칭한다. 지금 성조[2]에서는 [티벳 쪽 자료인]『서번경』에 따라 그 나라를 감포지라 부르니, 역시 감패지와 발음이 가깝기 때문이다.

주달관은 캄보디아의 이름에 대한 소개로써 그의 여행기를 시작하고 있다. 캄보디아와 현 남부베트남 땅에는 원래 푸난(Funan, 扶南)이라는 큰 나라가 있었다. 기원 후 1세기경부터 발전해서 대략 6세기까지 역사에 등장하던 나라이다. 인도의 영향으로 초기에는 힌두교가 성했고 대승불교도 발달했다.

---

1 원문에는 이 글자가 빠져 있다. 그러나 같은 '고금일사본'을 사용한 레흐엉 및 夏鼐의 책이나 '고금설해본', '사고전서본'에는 모두 이 글자가 들어가 있다. 이에 바로 잡는다.
2 원나라 조정을 가리킴.

캄보디아는 푸난을 약화시킨 주역이었다.[3] 티벳 방면에서 운남(雲南)을 거쳐 내려온 몬-크메르(Mon-Khmer) 어족 계통의 크메르 민족이 푸난의 변두리에 정착해 성장하면서 푸난의 중심부를 압도하는 가운데 새 나라가 생겨났다. 이 나라를 일러 첸라(Chenla)라 하며 중국식 표기법이 진랍이다. 진랍이 되었든 점랍이 되었든 모두가 첸라와 비슷한 발음을 만들기 위해 사용된 중국식 조어이다.

캄보디아는 요즘 외국 사람들이 부르는 영어식 표현이고, 캄보디아인의 원 발음은 '깜뿌찌어'에 가깝다. 이 명칭의 역사는 매우 길어서, 첸라 왕국이 역사 속에 등장하던 시기부터 꾸준히 사용되어 온 듯하다. '감패지'나 '감포지' 모두 '깜뿌찌어'를 표기하기 위한 단어이다.

우리는 한 가지 더 '크메르(Khmer)'라고 하는 단어도 기억하자. 캄보디아인, 더 정확히 말하자면 캄보디아를 구성하는 주민족을 크메르족이라 하며 그들이 쓰는 말을 크메르어라 한다. 20세기 중반 캄보디아를 인간도살장(킬링필드, killing-field)으로 만들었던 공산 정권의 이름이 '크메르루주'인데, '붉은 크메르'라는 뜻이다.

---

[3] 현재 캄보디아에서는 푸난을 캄보디아 역사로 보고 있다. 외국인이 쓴 캄보디아 역사서로서 고전의 반열에 들었다고 일컬어지는 챈들러(David Chandler)의 책 *A History of Cambodia* 최신판(Westview, 2007)에도 이런 시각이 반영되어 있다.

> 自溫州開洋, 行丁未針, 歷閩廣海外諸州港口,
> 자 온 주 개 양   행 정 미 침   역 민 광 해 외 제 주 항 구
> 過七洲洋, 經交趾洋, 到占城.
> 과 칠 주 양   경 교 지 양   도 점 성
>
> 온주로부터 바다로 나가 정미침 방향으로 가면서 복건과 광동의 바깥 바다[4] 여러 항구를 거친 뒤, 칠주양을 건너고 교지 바다를 지나서 점성에 이르렀다.

주달관은 절강성 온주로부터 여정을 시작했다. 나침반의 정미침 방향이란 대략 6~7시 방향을 가리킨다.[5] 남남서로 방향을 잡아 항해하는 것이니 중국 동남해안선을 따라 동남아시아로 가는 가장 일반적인 항로였다. 이 방향은 계절풍의 방향이기도 했다. 절강에서 동남아시아로 항해하는 배는 바람을 기다려 음력 11월 언저리 북동풍이 불 때 돛을 올린다.

사절단이 가는 길에 절강성 아래 있는 복건과 광동 지역의 여러 항구들을 차례로 거친 뒤 해남도 동쪽의 칠주양을 건너서 다다르는 곳이 교지 바다이다. 교지란 베트남을 가리킨다. 그러나 사절단은 교지에 들르지 않고 그냥 지나쳐 교지 남쪽에 있는 점성에 이르러 정박했다.

당시 베트남은 원나라와 3차에 걸친 격렬한 전쟁을 치렀고 원나라는 베트남으로부터 항복을 받아 내는데 실패했던 터이라 양국의 사

---

[4] 원문 중 '海外'를 和田久德, 金榮華는 해남도로 비정한데 비해 레흐엉, 하반멘 및 펠리오 번역서에서는 이를 그냥 글자대로 풀어 썼다. 본인이 보기에 '해외'를 해남도로 여기는 것은 무리인 듯 싶다. 칠주양이 해남도 오른쪽 바다인데 해남도의 제 항구를 거치고 다시 칠주양을 건넌다는 말이 맞지 않는다.

[5] 金榮華, p. 4.

이는 우호적이지 못했다. 그래서 주달관이 탄 원나라 사절단의 배가 교지의 항구에는 들르지 못하고 단지 그 앞바다를 지나 점성에 이르는 것이다.

점성은 참파(Champa)이다. 기원 후 2세기경부터 사료에 나타나는 국가로서 현 베트남 중부 지역에서 흥기했다. 참파는 15세기까지 북으로는 베트남, 남으로는 캄보디아와 경쟁하던 나라였다. 참파도 원과 전쟁을 했고 이렇다 할 승부는 내지 못했지만 상호 협상 결과 형식적이나마 원의 해외 행정 기구인 행성(行省)이 이 나라에 설치된 바 있다. 원 사절 입장에서 보자면 베트남보다는 참파에 머무는 쪽이 안전했다.

주달관이 머문 곳은 현 베트남 빈딘(Bình Định) 성의 꾀년(Quy Nhân)일 가능성이 높다. 당시 참파의 수도가 이곳(당시는 비자야 Vijaya)에 있었다.

> 又自占城順風可半月到眞蒲, 乃其境也.
> 우 자 점 성 순 풍 가 반 월 도 진 포   내 기 경 야
> 又自眞蒲行坤申針, 過崑崙洋入港.
> 우 자 진 포 행 곤 신 침   과 곤 륜 양 입 항
>
> 다시 점성으로부터 순풍을 맞으면 반 개월만에 진포에 이르니 그 [진랍] 지경이다. 또 진포에서 곤신침 방향으로 항행하여 곤륜양을 지나 항구로 들어간다.

참파로부터 순풍을 타면 반 달 항해 거리로 닿는다는 곳이 '진포'였다. 그리고 이곳은 캄보디아에 속한 땅이었다고 한다. 주달관 일행이 참파를 지나 이제 막 캄보디아 영역 내로 들어와 이른 곳이 진포였다고 하니 진포는 현재의 남부베트남 동남부 어디쯤이었을 것이다. 여기서 그들이 탄 배는 곤신침 방향으로 간다고 했다. 곤신침은 대략 8시 방향으로서[6] 여지껏 내려오던 항로보다 약간 더 서쪽으로 기수를 돌린 것이다. 지리적으로 보아서 해안의 모양이 서쪽으로 꺾인 곳일 테니 진포는 대략 현 붕따우(Vũng Tàu)가 아니었을까 한다. 이곳엔 지금도 양항이 있고 아름다운 등대로 유명하다.

그 후에 지나갔다고 하는 곤륜양은 붕따우 이남 쪽 바다를 지칭한다. 베트남 남부 바다 위에 떠 있는 곤륜도 때문에 붙여진 이름이다. 베트남 이름은 꼰다오(Côn Đảo, 崑島)이며 서양인들에게는 뿔로 꼰도르(Pulo Condor)라고 알려진 이 섬은 동북아-동남아 사이를 왕래하는 항해에서 매우 중요한 이정표였다.

---

6 앞과 같음.

드디어 주달관의 일행은 강상(江上)의 항구로 들어갔다. 항구는 강을 거슬러 얼마쯤 올라간 위치에 있다. 바다로의 긴 여행이 끝나고 이제 강물을 거슬러 올라갈 준비를 하게 되는 것이다. 여정의 끝인 캄보디아의 수도까지는 아직 한참이 남았다.

주달관을 맞은 강은 메콩강이었다. 메콩강의 원류는 두 개다. 하나는 청해고원(青海高原) 지대로서, 거기서부터 출발한 메콩은 티벳, 운남을 거쳐 인도차이나반도를 종단해 바다로 빠져 나간다. 이 줄기를 상부 메콩(Upper Mekong)이라 한다. 또 한 원류는 캄보디아의 수도 근처에 있는 톤레삽 호수이다. 여기서부터 시작되는 물줄기 역시 큰 강을 형성하며 남부베트남으로 흘러가는데 이를 하부 메콩(Lower Mekong)이라 한다. 두 강은 중간에서 동서로 물길이 이어져 있다. 상부메콩과 하부메콩은 하류에 거대한 델타를 만들면서 바다로 흘러간다.

> 港凡數十, 惟第四港可入. 其餘悉以沙淺, 故不通巨舟.
> 항 범 수 십 유 제 사 항 가 입 기 여 실 이 사 천 고 불 통 거 주
>
> 항구는 모두 수십 개이지만 네 번째 항구로만 들어갈 수 있다. 그 나머지는 모두 [쌓인] 모래로 인해 [수심이] 얕기 때문에 큰 배가 통과할 수 없다.

주달관의 배가 곤신침 방향으로 항로를 들어 가다 보면 메콩에 이르기 전에도 동나이(Đồng Nai) 강과 밤꼬(Vàm Cỏ) 강의 하구들을 만났을 것이다. 이에 더해 메콩이 만들어 낸 다양한 하구들을 합치면 캄보디아 내륙으로 들어가는 항구가 수십 개 된다는 말은 과장이 아니다.

주달관 일행이 들어갔다는 네 번째 항구는 현재 남부 베트남의 고꽁(Gò Công)과 미토(Mỹ Tho)로 이어지는 끄어띠에우(Cửa Tiểu, 작은 문이라는 의미)였다.[7] 이곳은 수심이 깊고 안정되어서 현재도 대형 선박의 왕래가 많은 곳이다.

---

7 金榮華가 아이모니에(Étienne Aymonier)의 설을 빌어 '小門'이라 비정한 곳이다. 金榮華, p. 8. 주달관이 탄 배는 이곳을 통해 들어와 현 미토 시 앞을 통과해 캄보디아로 올라갔다.

然而彌望, 皆修藤古木黃沙白葦, 倉卒未易辨認,
연 이 미 망   개 수 등 고 목 황 사 백 위   창 졸 미 이 변 인
故舟人以尋港爲難事.
고 주 인 이 심 항 위 난 사

그러나 이윽이 바라보니 온통 긴 넝쿨과 오래된 나무, 누른 뻘에 흰 억새풀이라 한 번에 쉽게 알아볼 수 없다. 때문에 선원들이 항구 찾는 일을 어려운 일로 여긴다.

강물과 바다가 만나는 지점에는 거대한 망그로브(mangrove, 홍수림, 紅樹林) 지대가 형성된다. 하류에서 만나는 메콩은 진흙이 섞인 탁류지만 약간 붉은기를 띠며 맑은 느낌을 준다. 이 물이 포함하고 있는 누른 토사가 하류에 넓게 펼쳐지며 쉬임 없이 땅넓이를 확대해 가고 있다.

주달관은 망그로브와 황토뻘이 펼쳐진 메콩강 초입에서 항구로 들어가는 길을 찾고 있다. 배에는 캄보디아로의 항해에 익숙한 선원들이 타고 있었겠지만 망그로브 울창한 물길을 거슬러 오르는 내지 항해는 늘 조심스럽다.

自港口西北行, 順水可半月, 抵其地曰查南,
자 항 구 서 북 행   순 수 가 반 월   저 기 지 왈 사 남
乃其屬郡也. 又自查南換小舟, 順水可十餘日,
내 기 속 군 야   우 자 사 남 환 소 주   순 수 가 십 여 일
過半路村, 佛村, 渡淡洋, 可抵其地曰干傍,
과 반 로 촌   불 촌   도 담 양 가 저 기 지 왈 간 방
取城五十里.
취 성 오 십 리

항구로부터 서북쪽으로 항해하여 평안한 물길을 만난다면 반 개월만에 사남[8]이라 일컫는 곳에 닿으니 그 [나라의] 속군이다. 사남에서 다시 작은 배로 갈아타고 순조로운 물길을 따라 10여 일 동안 반로촌과 불촌[9]을 지나 민물 바다를 건너면 간방이란 곳에 이르니, [이곳부터] 도성까지는 50리이다.

    지금 배는 상부 메콩 강을 서북쪽 방향으로 거슬러 오르고 있는 중이다. 바다를 항해하는 큰 배가 다닐 정도로 메콩은 거대하다. 반 개월을 항해해 사남이란 곳에 이르렀다. 여기서 작은 배에 옮겨 타고 다시 항해를 시작해 '민물 바다'를 건넜다. 주달관은 먼저 상부 메콩을 타고 오르다가 서쪽으로 방향을 틀어 하부 메콩으로 옮겨 갔다. 거기서 다시 북진해 민물 바다를 건넌 것이다.
    민물 바다가 무엇인가? 이는 의심할 바 없이 톤레삽 호수이다. 우기 때 물이 차면 총 면적이 16,000㎢ 정도가 되니 '바다'로 불릴 만하다.

---

8 '사남'은 '츠낭'에서 온 말로서, 현 껌뽕츠낭(Kampong Chnang)에 비정된다.
9 현 뿌르삿(Pursat)을 이름이다. 뿌르삿의 원 발음은 '뽀어삿'이니 '뽀어'를 '불'(佛, 중국어 발음 '뽀')로 표기한 것이다.

톤레삽 호수를 건너 도착한 곳이 '간방(干傍)'이라 했는데 이는 캄보디아어 '껌뽕'의 음차이다. 껌뽕이란 고유명사가 아니라 촌락이란 의미의 일반명사이다. 원래는 말레이어로서 선착장, 부두 등의 의미를 갖지만 물이 많은 지역에서는 이런 곳을 중심으로 교역지 내지는 주거지가 형성되기 때문에 점점 촌락이란 의미로 전이된 것이다. 주로 상업적 성격을 많이 띤 촌락을 껌뽕이라고 부르는 경우가 많다. 캄보디아에는 수많은 껌뽕이 있다. 그 중의 한 껌뽕에 도착한 주달관은 이곳으로부터 도성까지가 50리라는 말을 듣는다.

> 按諸番志稱其地廣七千里. 其國北抵占城半月路,
> 안 제 번 지 칭 기 지 광 칠 천 리   기 국 북 저 점 성 반 월 로
> 西北距暹半月程, 南距番禺十日程, 其東則大海也.
> 서 북 거 섬 반 월 정   남 거 반 우 십 일 정   기 동 즉 대 해 야
> 舊爲通商往來之國.
> 구 위 통 상 왕 래 지 국
>
> 『제번지』에 의하면 이 [나라] 땅은 좌우가 7천 리라고 한다. 북쪽으로는 점성까지 반 개월 여정이고, 서북쪽으로는 반 개월 만에 샴에 닿는다. 남쪽으로는 반우까지 10일 거리이며 동쪽으로는 큰 바다이다. 예부터 [중국과는] 상거래가 오고가던 나라이다.

『제번지』는 송나라의 조여괄(趙汝适, 12세기)이 지은 지리서이다. 매우 중요한 책이기는 하나 정확하지 못한 부분도 많다. 좌우가 7천 리라고 하는 수치는 거의 무의미하다. 조여괄의 시대에 좌우 거리를

재어 보았을 리도 없고, 리 수란 시대마다 다르다.

    주달관은 여기서 캄보디아의 규모와 더불어 동서남북 상에서의 지리적 위치에 대한 정보를 제공하고 있는데 대략 정확하다.

    그 자신이 중국으로부터 남류하면서 점성을 거쳐 캄보디아에 이르렀으니 '북으로 가면 점성에 닿는다'고 한 말은 무리가 없어 보인다. 그러나 육로도 있다. 현 라오스 남부 참파싹(Champassak) 지역을 거쳐서 장산산맥을 넘는 길이다. 캄보디아의 수도였던 시엠립(Siem Reap)에서 보자면 '북'이란 해로보다는 이 육로를 염두에 둔 방향이었으리라 생각된다.

    서북쪽에 있다는 샴(Siam)은 당시 흥기하고 있던 수코타이를 지칭함이었다. 짜오프라야(Chaopraya)강 상류보다 북쪽의 욤(Yom)강 유역에 있던 수코타이의 중심부는 캄보디아 수도에서 보면 분명히 서북쪽에 있었다.

    남쪽에 있다는 반우가 애매하다. 반우는 중국 광동의 광주(廣州)를 가리키는 말인데 북쪽이면 북쪽이지 왜 남쪽이란 말인가? 이 때문에 학자들은 이를 주달관의 오류로 돌리든가, 남쪽 어딘지 모를 곳이라고 한다든가 아니면 그냥 무시해 왔다.

    내 생각은 다음과 같다. 반우는 분명 중국 광동의 광주를 지칭한다. 이곳으로 가는 길은 주달관이 항해했던 강로 및 해로이다. 시엠립에서 보자면 남쪽으로 내려갔다가 바닷길을 타는 것이니 '남쪽으로 반우까지 10일 거리'라는 표현이 나올 수 있는 것이다. 이렇게 이해하면 북으로 점성에 이르는 길은 해로가 아니라 육로임이 분명해진다. 단지, '반우까지 10일 거리'라는 말이 걸린다. 시엠립으로부터 광주까지 10일이라니… 너무 짧지 않은가? 내가 보기에 이 거리는 메콩강을 빠져나간 후부터 바닷길로 걸리는 시간을 말하는 것 같다. 19세기의 사례이지만 계절풍을 잘 맞으면 현 베트남 중부에 있는 다낭으로부터 광주까지 범선으로 이동하는데 걸리는 시간이 1주일 정도였고[10] 다낭으로부터 싱가포르까지의 항해 기간이 10일이었다.[11] 이렇게 되면 싱가포르부터 광주까지가 17일 거리이니 시엠립으로부터 메콩을 빠져나와 바다 항해를 시작한 지 10일 정도면 광주에 닿을 수 있다는 주달관의 말은 과히 틀리지 않은 것 같다.

동쪽으로 면해 있다는 큰 바다는 주달관이 항해해 온 남지나해이다. 이 바다를 통해서, 그리고 메콩을 통해서 예로부터 캄보디아에는 중국인의 왕래가 있었고 양국 사이에 통상 관계가 있어 왔다는 이야기이다.

---

10 최병욱,「19세기 베트남 관선의 광동 왕래 시말」,『동남아시아연구』21권 3호 (2011), p. 15.
11 최병욱,「19세기 전반(1823~1847) 베트남의 동남아시아 관선무역」,『동양사학연구』70집 (2000), p. 175.

聖朝誕膺天命, 奄有四海, 唆都元帥之置省占城也,
성조탄응천명   엄유사해   사도원수지치성점성야
嘗遣一虎符萬戶一金牌千戶, 同到本國, 竟爲拘執不返.
상견일호부만호일금패천호   동도본국   경위구집불반

성조가 하늘의 명을 받아 성립되어 사해를 지배하게 되자, 사도 원수가 점성에 행성을 설치한 후 일찍이 호부 만호와 금패 천호를 보내 [이들이] 함께 이 나라에 도착했으나 붙잡혀 끝내 돌아오지 못했다.

성조란 주달관 자신이 섬기게 된 원 조정을 한껏 높여 부르는 말이다. 주달관이 캄보디아로 가던 1296년은 원나라 세조(1215~1295) 쿠빌라이 칸 치하 국운이 융성하던 시기를 조금 지났을 때였다.

사도 원수란 원 왕조의 남방 경략 책임자였던 소게투(Sogetu)이다. 베트남 및 참파 공략을 책임졌던 인물인데 두 지역에서 모두 그다지 성공적이지 못했다. 그럼에도 불구하고 다시 참파의 이웃국인 캄보디아를 다음 싸움 대상으로 삼아 사절을 보냈던 것이다.

다른 나라의 사례를 보면, 원나라 사절이 요구하는 공통적인 사항은 친조(親朝)였다. 해당 국가의 왕이 직접 원의 황제를 방문하라는 억지스러운 주문이다. 그래서 전쟁이 벌어졌다. 베트남, 버마, 참파, 인도네시아가 원과 싸운 나라들이다.

캄보디아는 친조를 거부한 정도가 아니라 아예 사절단을 돌려보내지 않았는데도 원나라가 그냥 내버려 두었다니 매우 뜻밖이다. 베트남과 참파에서도 성공하지 못했던 원의 군대가 당시 동남아시아에서 가장 강력했던 나라로 평가받는 캄보디아와 전쟁을 벌인다는 것은 매우 무모한 일로 간주되었을 가능성이 높다. 때문에 군대 대신 지금 주달관 일행이 캄보디아의 수도를 방문하고 있는 중이다.

> 元貞之乙未六月, 聖天子遣使招諭, 俾余從行.
> 원정지을미육월 성천자견사초유 비여종행
>
> 원정 [년간] 을미(1295) 6월에 성천자께서 사절을 보내 초유하심에 나로 하여금 따라가게 하셨다.

원정(元貞)은 쿠빌라이의 뒤를 이은 성종(成宗, 1295~1307)의 연호이다. '사절을 보내 달래어 깨닫게 했다'는 것은 선대 쿠빌라이 때에 해결되지 못한 캄보디아와의 외교 관계를 정립하고자 함이었다. 그 이전에 캄보디아에서 조공 사절이 왔다면 사절을 보내 '초유'할 리가 없다.

> 以次年丙申二月離明州, 二十日自溫州港口開洋,
> 이 차 년 병 신 이 월 리 명 주　　이 십 일 자 온 주 항 구 개 양
> 三月十五日抵占城, 中途逆風不利, 秋七月始至,
> 삼 월 십 오 일 저 점 성　　중 도 역 풍 불 리　추 칠 월 시 지
> 遂得臣服.
> 수 득 신 복
>
> 다음 해에 병신년(1296) 2월 명주를 떠나 20일 온주 항구로부터 바다로 나가 3월 15일에 점성에 이르렀다가, 중도에 역풍으로 [항해가] 불리하여 7월이 되어서야 [캄보디아 수도에] 도착했고 마침내 신하로 복종시킬 수 있었다.

원대의 명주는 절강성 영파(寧波)를 가리킨다.[12] 영파로부터 온주 항구로 이동한 후 여기서 돛을 올린 날짜가 2월 20일이었다. 그로부터 25일 후인 3월 15일에 점성에 도착했으니 여기까지는 순탄한 여정이었다.

그런데 계절풍을 고려한다면 주달관 일행이 온주를 떠난 때가 늦은 편이었다. 보통 북동풍이 불기 시작하는 시기가 음력 11월 전후이다. 이때부터 약 6개월간 북동풍이 지속된다. 이 기간 중 가장 항해하기 좋은 때는 음력 정월 무렵이다. 3월 15일 점성에 도착해서 휴식을 취하거나 다른 업무를 본 후 항해를 계속하면 북동계절풍의 겨우 끝바람 즉 방향이 오락가락하기 시작하는 마지막 북동계절풍을 만나기 쉽다. 역시나 주달관 일행은 역풍을 맞아 고생했다. 정박지에서는 바람의 방향이 맞지 않아 돛을 올리지 못하고 시간을 허비했을 뿐만 아

---

12 金榮華, p. 16. 『고려도경』의 저자 서긍이 고려를 향해 출발한 곳도 명주였다. 徐兢, p. 416.

니라 항해 도중에도 애를 먹었을 것이다.

바다에서 시간을 놓치면 메콩강으로 들어와서도 고생을 한다. 왜냐하면 음력 5월경부터 바람이 남서풍으로 바뀌는 시기에 우기가 시작되고 우기가 시작되면 물의 양이 많아지면서 메콩의 흐름이 빨라져 메콩을 거슬러 오르는 항해가 매우 어려워지기 때문이다. 주달관이 항해 여정을 이야기할 때 '순풍을 맞으면'이라든가 '편안한 물길을 만나면'이라는 단서를 붙여 가면서 여행에 걸리는 날짜를 적어 놓은 이유는 본인 일행이 겪은 특수한 여정보다는 일반적인 정보를 제공하기 위함이었다.

마지막 구절에서 '마침내 신하로 복종시킬 수 있었다'고 했는데 이건 허풍이다. 金榮華가 조사한 바에 의하면, 『원사(元史)』에 캄보디아가 중국에 조공을 보냈다는 기사가 세 번 나온다고 한다. 그 중 하나는 "원초에 점성, 교지, 진랍을 평정하니, 코끼리를 매년 바쳤다."이고 두번째는 "1285년 9월 진랍과 점성이 악공 10인, 약재 및 악어 가죽 등제 물품을 바쳤다."이며 마지막이 "1329년 4월 점랍국(占臘國)이 내공하여 나향목(羅香木) 및 코끼리, 표범, 흰원숭이 가죽을 바쳤다."는 기록이다.[13] 첫 번째 기록은 기술이 개략적이어서 믿을 바가 못되고, 분명해 보이는 것은 나머지 두 경우이다. 그런데 설사 이 두 기록이 사실이라고 할지라도, 캄보디아에서 악공을 보낸지 10년이 지났는데도 신복하지 않았기 때문에 원 조정이 '초유'하러 주달관 일행을 보냈던 것이고 이 초유사가 다녀온 이후 30년 이상이 지나서야 조공사절이 그것도 단 한 번 왔다는 이야기이니 '신하로 복종시켰다'는 말이 얼마나 터무니없는 주장인지 알 수 있다.

---

13 金榮華, p. 11.

> 至大德丁酉六月回舟, 八月十二日抵四明泊岸.
> 지대덕정유유월회주 팔월십이일저사명박안
>
> 대덕 정유년(1297) 6월에 배를 돌려, 8월 12일 사명에 이르러 배를 대었다.

사명은 영파부 내 지명이다.[14] 캄보디아에서 6월에 배를 돌려 8월 12일 영파에 도착했다 하니, 갈 때 2월에 돛을 올려 7월에 도착했던 것과 비교해 매우 빠른 귀환이다. 캄보디아의 수도를 출발해 메콩을 따라 내려오면서 순류를 탔을 것이고 바다로 나와서는 기분좋은 남서풍을 만나 항해가 순조로웠던 것이다.

> 其風土國事之詳, 雖不能盡知, 然其大略亦可見矣.
> 기풍토국사지상 수불능진지 연기대략역가견의
>
> 그 [나라의] 풍토와 나라일의 자세한 데까지는 모두 알 수 없지만 그 대략은 그래도 볼 수 있었다.

기록자로서의 신중함이 드러나는 대목이다.

---

14 夏鼐, p. 42.

2. 성곽(城廓)

> 州城周圍可二十里. 有五門, 門各兩重,
> 주 성 주 위 가 이 십 리　유 오 문　문 각 양 중
> 惟東向開二門, 餘向皆一門.
> 유 동 향 개 이 문　여 향 개 일 문
>
> 주성은 둘레가 20여 리쯤 된다. 다섯 개의 문이 있는데 각 문은 이중으로 되어 있다. 동쪽으로 향해서만 문이 두 개 나 있으며 나머지 방향으로는 모두 문이 한 개씩이다.

주성이란 캄보디아 왕성인 앙코르톰(Angkor Thom)을 가리킨다. 앙코르톰은 자야바르만 7세(Jayavarman, 1181~1218) 때인 13세기 초반에 지어진 성곽으로서 총 12km의 정방형 건축물이다. 앙코르왓과 마찬가지로 사암(砂岩, sandstone)을 잘라 다듬은 돌로 쌓은 건축물이다.

주달관이 이 성곽을 일러 도성(都城)이라든가 국성(國城)이라 하지 않고 주성(州城)이라 한 것은 중화주의적 발상의 한 사례이다. 이런 태도는 『진랍풍토기』 전반에 걸쳐 종종 나타나는데, 역사가로서는 주의해야 할 요소이긴 하지만 외국에 대한 중국인의 의식을 엿본다는 점에서 흥미로운 부분이기도 하다.

캄보디아와 전쟁의 가능성은 상존하는 바이니 주달관으로서는 성

곽에 관심을 가지지 않을 수 없었을 것이다. 특히 견고한 이중문은 그에게 독특하게 보였다.

동남아시아의 사원이나 궁전은 해가 떠오르는 동쪽을 바라보고 앉는다. 동쪽을 향한 문이 두 개 있다고 했는데, 정면에 특별히 문을 두 개 두었던 것이다. 왕궁 안으로 들어가기 위해 발걸음을 옮기는 방문객으로 하여금 신비한 감정에 싸이게 하는 것은 각 문 위에 사방으로 향하게 얹혀진 보살의 얼굴들이다. 햇빛의 각도에 따라 시시각각 달라지는 그 얼굴들을 바라보며 성 안으로 들어가는 방문자들은 자신이 마치 보살의 몸속으로 들어가는 듯한 착각에 빠진다.

> 城之外巨濠, 濠之上通衢大道. 橋之兩傍,
> 성 지 외 거 호   호 지 상 통 구 대 도   교 지 양 방
> 各有石神五十四枚, 如石將軍之狀, 甚巨而獰,
> 각 유 석 신 오 십 사 매   여 석 장 군 지 상   심 거 이 영
> 五門皆相似.
> 오 문 개 상 사
>
> 성곽의 바깥에는 큰 해자가 있고, 해자 위로는 큰 길이 [가로질러] 나 있다. 다리의 양 쪽에는 각각 54개의 석신상이 있는데, 마치 돌로 만든 장군 같은 모습으로 매우 크고 무섭게 생겼다. 다섯 개 문이 모두 서로 비슷하다.

해자 위로 가로질러 나 있는 큰 길이란 성으로 들어가는 다리를 말함이다. 규모가 매우 커서 사통팔달의 큰 길이라는 의미로 '통구대도(通衢大道)'라는 말을 썼는가 보다.

이 다리의 양쪽으로는 석상 수십 개가 있다. 장군 모양새의 신상들이라는데, 매우 크고 무섭게 생겼다 하고 이런 배치는 성곽의 다섯 개 입구에 모두 공통된다 한다. 이들은 누구인가? 성곽의 입구를 지키는 수호상들일까?

> 橋之欄皆石爲之, 鑿爲蛇形, 蛇皆七頭. 五十四神,
> 교 지 란 개 석 위 지 착 위 사 형 사 개 칠 두 오 십 사 신
> 皆以手拔蛇, 有不容其走逸之勢.
> 개 이 수 발 사 유 불 용 기 주 일 지 세
>
> 다리의 난간은 모두 돌로 만들었는데 쪼아서 뱀 형상을 이루었다. 뱀은 한결같이 대가리가 일곱이다. 54개의 신상은 모두 [함께] 손으로 뱀을 뽑아 들고 있으니, 그놈이 도망쳐 숨는 것을 용납하지 못하겠다는 형세이다.

큰 뱀은 캄보디아 유적지 도처에서 볼 수 있다. 그런데 너무 커서 금방 인식하지 못한다. 다리나 계단의 난간은 십중팔구 뱀이다. 난간을 따라가서 한쪽 끝을 보면 영락없이 일곱 개의 쳐든 머리를 발견할 수 있다. 이런 뱀을 동남아시아에서는 '나가(naga)'라고 한다. 특히 태국, 캄보디아, 라오스에서 계단 난간, 지붕 장식에 많이 쓰인다. 베트남에서는 나가가 변형된 용이 건축물을 장식한다. 나가는 토지의 신이다. 부처님의 보호자이기도 했다. 나가를 성곽 입구에 두는 것은 보호자로서의 기능을 염두에 둔 탓이다.

그런데 여기 주달관이 보고 있는 다리 위의 나가는 인도의 '우유의

바다 젓기' 신화 속 주인공이기도 하다. 신들과 악마들이 화해하여 새로운 생명의 창조를 위해서 만다라 산으로 우유의 바다를 젓기로 하는데 산을 잡아 돌릴 줄이 나가였던 것이다. 나가의 양쪽을 신들과 악마들이 맞잡고 비쉬누 신이 중간에서 지휘하는 가운데 우유의 바다를 젓는다는 전설이다. 다리 아래로 해자 즉 물이 있으니 이를 우유의 바다로 상징하고 이런 석상을 만들어 장식한 것이다. 나가를 잡고 우유의 바다를 젓고 있는 모습이 주달관에게는 뱀이 도망가지 못하게 잡아 들고 있는 모습으로 이해되었다.

주달관이 본 신상 중에는 신도 있고 악마도 있다. 그가 '무섭게 생겼다'고 한 것은 분명 악마의 얼굴일 것이다. 신의 얼굴은 부드럽다.

> 城門之上, 有大石佛頭三. 面向四方, 中置其一,
> 성문지상 유대석불두삼 면향사방 중치기일
> 飾之以金. 門之兩傍, 鑿石爲象形.
> 식지이금 문지양방 착석위상형
>
> 성문 위에는 커다란 돌부처 머리가 세 개 있다. 네 방향을 바라보고 있고 가운데에 그중 한 개를 두었으며 금으로 장식했다. 문의 양쪽에는 돌을 쪼아 코끼리 상을 만들었다.

이 부분은 실제로 보지 않으면 이해하기 매우 힘들다. 부처 머리가 세 개 있는데 네 방향을 바라보고 있다니 이상하지 않은가? 거기다가 '가운데에 그중 한 개를 두었다'는 말도 이상하게 들린다. 때문에 판본에 따라서는 '성문 위에 부처 머리가 다섯 개 있는데[15] 네 방향을 바라보고 나머지 하나는 가운데 두었다'고도 한다. 언뜻 들으면 이게 합리적인 것 같다. 그러나 그렇지도 않다. 가운데 둔 부처 머리는 어디를 바라보고 있다는 말인가?

실물은 없고 문자만 남아 있는 경우 종종 매우 오랜 시간을 들이고도 전혀 실체를 이해하지 못하든가 엉뚱한 해석을 하는 경우가 있다. 이 부분이 바로 문자가 사람을 괴롭히는 전형적인 사례이다.

사실은 이렇다. 우선 '부처 머리'는 정확하게 말하자면 '보살 머리'이다. 정면에서 볼 때 보살 머리는 세 개다. 그 중 중간의 보살 머리에 올려진 두개(頭蓋)가 가장 높아서 나머지 두 보살 머리 위의 두개와 더불어 정면에서 보자면 산(山) 자 모양의 탑을 만든다. 그런데 이 중간에 있는 보살은 뒤에도 얼굴이 있다. 그래서 세 개의 보살이 사면을 보게 되는 것이다.

---

15 삼(三)과 오(五)는 흐릿하게 써질 경우 서로 뒤바뀌어 이해되는 경우가 있다는 사실을 염두에 둔 판본일 것이다.

> 城皆疊石爲之, 高可二丈. 石甚周密堅固, 且不生繁草,
> 성개첩석위지   고가이장   석심주밀견고   차불생번초
> 却無女牆. 城之上間, 或種桄榔木, 比比皆空屋.
> 각무여장   성지상간   혹종광랑목   비비개공옥
>
> 성은 모두 돌을 쌓아 만들었고 높이는 2장 정도이다. 돌은 매우 조밀하고 견고하여 잡초가 자라지 않는다. 여장은 없다. 성 위에는 띄엄 띄엄 광랑목을 심었으며, [성벽 위를 따라] 나란히 모두 빈 집들이다.

　벽돌로 만든 성곽에 익숙한 중국인에게는 돌로 쌓은 성이 매우 신기해 보였을 것이다. 앞서도 말했듯 이 건축물에 사용된 돌은 사암이다. 사암은 화강암만큼 못해도 재질이 매우 치밀하고 단단한 편인 석재이다. 쌓은 면면이 매우 치밀하여 돌조각 사이에 풀이 나지 않을 정도라 했다.

　여장이란 성벽 위의 낮은 담을 이른다. 성가퀴라고도 한다. 거대한 성벽은 우람한 남성을 상징하고 그 성벽 위에 오른 담들은 작고 섬세한 여성을 상징한다 하여 붙여진 이름이다. 여장은 전투 중에 몸을 숨겨주고 여장과 여장 사이의 공간으로는 적을 공격한다. 앙코르톰의 성벽은 여장이 없는 밋밋한 모습이다.

　성 위에 띄엄 띄엄 서 있다는 광랑목은 야자나무의 일종이다. 성 위에 왜 나무를 심었는지는 잘 모르겠다. 공옥이란 유사시 성벽 위 수비병들이 들어갈 공간이었던 것 같다.

其內向爲坡子, 厚可十餘丈. 坡上皆有大門, 夜閉朝開,
기 내 향 위 파 자   후 가 십 여 장   파 상 개 유 대 문   야 폐 조 개

亦有監門者, 惟狗不許入門, 曾受斬趾刑人,
역 유 감 문 자   유 구 불 허 입 문   증 수 참 지 형 인

亦不許入門.
역 불 허 입 문

그 안쪽으로는 파자를 만들었는데 두께가 10여 장 된다. 파자 위에는 어디나 큰 문이 있어서 밤에는 닫고 아침에 열린다. 역시 [이곳에도] 문을 지키는 자들이 있어, 단지 개를 문 안으로 들이지 않을 뿐 아니라 발가락[16]이 잘리는 형을 받은 자도 문에 들이지 아니한다.

파자란 성 안쪽에서 성벽 위로 오르기 위해 비스듬하게 만들어진 언덕이다. 그런데 파자 꼭대기에는 모두 큰 문이 있다고 한다. 이 부분도 머릿속에서 그림이 얼른 그려지지 않는다. 성곽을 들어가는 문이 다섯 개 있다고 했는데 성 안 파자 위에 또 문이 있다니. 내가 보기에 이는 파자 위에 대문이 있다는 게 아니라 파자 위로 대문이 솟아 있다는 의미인 것 같다. 성문 안으로 오십여 미터쯤 걸어 들어가다가 입구를 돌아 보면 양쪽으로 파자가 형성되어 있고 그 위로 성문이 우

---

16 원문의 '趾'는 발목 아래 부분 전체를 이르는 말이지만 때에 따라서 (엄지) 발가락을 가리키기도 한다. 그러니 '斬趾刑'을 '발목 자르는 형'이라고 번역해도 글자 상으로는 문제가 없을 것이다. 하지만 발목을 자른다고 한다면, 그런 형이 실재했는지 의문이다. 그리고 발목을 자르는 경우 지혈의 어려움으로 인해 살아날 가망이 희박하다. 참지형이 혹 발뒤꿈치를 자르는 형이 아니었을까 싶기도 한데, 주달관이 굳이 '월형(刖刑)'이란 용어를 두고 참지형이란 단어를 사용했을 것 같지는 않다. 뻴리오, 해리스, 레흐엉, 하반떤, 和田久德 모두 참지형을 발가락 자르는 형으로 번역했다.

뚝한 모양새가 명확히 드러난다.

밤에 닫혔던 문이 다시 열리는 아침 기다렸던 사람들이 성 안으로 몰려 들어가지만 개는 문 안에 들이지 않는다고 한다. 그 이유는 개를 상서롭지 못한 동물이라 여겼기 때문이라는 해석이 있다.[17] 발가락이 잘리는 형을 받은 자들이란 반란을 꾀했던 이들을 이름이다.

> 其城甚方整, 四方各有石塔一座. 當國之中,
> 기 성 심 방 정   사 방 각 유 석 탑 일 좌   당 국 지 중
> 有金塔一座, 傍有石塔二十餘座, 石室百餘間.
> 유 금 탑 일 좌   방 유 석 탑 이 십 여 좌   석 실 백 여 간
>
> 성은 네모 반듯하며 네 방향으로 돌탑이 하나씩 있다. 나라의 한가운데에 금탑이 하나 서 있는데, 주위에는 20여 개의 석탑과 백여 칸의 돌방이 있다.

앙코르톰의 각 모서리에는 돌탑이 하나씩 세워져 있다. 가장 중요한 것은 성곽의 정중앙에 있다는 금탑이다. 이 금탑 및 주변의 석탑군을 일러 베이온(Bayon)이라 한다. 왕실 사원이다.

금탑 주위에는 20여 개의 석탑과 백여 칸의 돌방이 있다고 했다. 베이온의 석탑을 장식하고 있는 보살의 얼굴들은 이 사원을 만든 자야바르만 7세의 다양한 표정을 형상화한 것이다. 중심 탑신을 둘러 새겨진 부도는 당시의 생활과 물산을 묘사했기 때문에 매우 중요한 사료적 가치를 갖는다.

---

[17] 金榮華, p. 23.

> 東向有金橋一所. 金獅子二枚, 列於橋之左右,
> 동향유금교일소 금사자이매 열어교지좌우
>
> 金佛八身, 列於石屋之下.
> 금불팔신 열어석옥지하
>
> 동쪽을 향해서 황금교가 하나 있다. 금사자 두 개가 다리의 좌우에 놓여 있고 황금불 여덟 개가 돌집 아래 놓여 있다.

　사원 역시 하나의 독립적 세계이다. 그것은 대양으로 둘러싸여 있다. 사원으로 들어가기 위해서는 이 대양을 건너야 하는 것이니 다리가 필요하다.

金塔之北可一里許, 有銅塔一座. 比金塔更高,
금 탑 지 북 가 일 리 허   유 동 탑 일 좌   비 금 탑 경 고

望之鬱然. 其下亦有石屋十數間.
망 지 울 연   기 하 역 유 석 옥 십 수 간

금탑의 북쪽으로 1리 정도 가면 동탑이 하나 있다. 금탑보다 높으므로 멀리서 바라보기에 우뚝하다. 그 아래에도 돌집이 십수 칸 있다.

정확하게 말하자면 북쪽이 아니라 북서쪽 방향이다. 주달관은 바푸온(Baphuon) 사원을 소개하고 있다. 이 사원은 11세기 중반에 만들어졌으며 동탑의 원 높이는 50m였고 사원으로 건너가는 다리의 길이는 100m가 넘었다고 한다.[18] 현재는 얼추 복원이 완성된 상태이다.

---

18 金榮華, p. 25.

> 又其北一里許, 則國主之廬也. 其寢室又有金塔一座焉,
> 우 기 북 일 리 허 즉 국 주 지 려 야 기 침 실 우 유 금 탑 일 좌 언
> 所以舶商自來有富貴眞臘之褒者, 想爲此也.
> 소 이 박 상 자 래 유 부 귀 진 랍 지 포 자 상 위 차 야
>
> 다시 북쪽으로 1리 정도를 가면 국주의 거소이다. 침실에는 금탑이 또 하나 있으니, 배를 타고 오는 상인들이 진랍이 부귀하다고 칭찬했던 이유는 이것 때문인 것 같다.

왕이 살고 있는 곳은 바푸온 사원으로부터 다시 약 1리 정도 북쪽에 있다. 베이온으로부터 금탑, 동탑의 존재를 차례로 말하더니 이의 연장으로 왕의 침실에도 금탑이 하나 더 있다고 주달관은 전한다.

왕의 침실은 금탑과 연결되어 있다. 흔히 하늘궁(피마나카스, Phimeanakas)이라 부르는 왕의 거소는 10세기부터 건설되기 시작하였고 탑의 높이는 20m였다고 한다.[19]

---

19 金榮華, p. 27.

> 石塔在南門外半里餘. 俗傳魯班一夜造成.
> 석 탑 재 남 문 외 반 리 여 속 전 로 반 일 야 조 성
>
> 석탑은 남문 밖 반여 리에 있다. 사람들 사이에 전하는 말에 의하면 로반이 하룻밤만에 만들었다고 한다.

여기서 석탑은 바켕(Bakeng) 사원의 중심부에 세워진 탑을 가리킨다. 9~10세기 이 근처에 야소바르만 1세(Yasovarman, 889~900)가 둘레 16km 규모로 정방형의 도성을 쌓았을 때 그 중심부에 있던 사원이다.

그런데 주달관은 이 바켕 사원, 내지는 중앙탑을 로반이 하룻밤만에 만들었다는 엉뚱한 이야기를 하고 있다. '전하는 말'이라는 단서를 붙였지만 말이다. 로반은 기계를 잘 만들었다는 중국 주대(周代)의 전설적 인물이다. 그 사람이 바켕 사원을 만들었다니?

> 魯班墓在南門外一里許. 周圍可十里, 石屋數百間.
> 로반묘재남문외일리허   주위가십리   석옥수백간
>
> 로반의 묘는 남문 밖 1리 정도에 있다. 둘레가 10리쯤 되고 돌집이 수백 칸이다.

로반의 묘가 남문 바깥으로 1리 정도 가면 있단다. 주위가 10리 정도 되고 돌집이 수백 칸이라는 이 대규모의 건축물은 다름 아닌 그 유명한 앙코르왓이다. 수리야바르만 2세(1113~1150)가 본인 사후 들어가 영생할 공간으로 조성했으며 만들 당시는 비쉬누 신을 모셨다.

주달관이 정신이상자가 아닌 다음에야 중국 주대에 활동하던 로반이 캄보디아까지 와서 바켕 사원을 하룻밤만에 만들고 앙코르왓은 그가 들어가 묻힌 곳이라고 주장할 리는 없겠다. 그렇다고해서 착각일 리도 없었을 것이고, 장난이었을까? 로반을 아는 중국 독자들이 이 말을 믿었을 리는 없었을 테니까 말이다. 金榮華, 夏鼐, 和田久德은 공히 로반을 힌두교의 건축장으로서 시바의 동생이라고 하는 비시누카르만(Visnukarman)에 비정하고 있다. 비시누카르만을 주달관이 로반이라고 바꾸었다는 것이다.[20] 그렇다면 왜 바꾸었을까? 이 얼토당토 않은 기술의 배후에 도사리고 있는 심리는 무엇일까?

경외와 질시의 염이 복잡하게 얽혀져서 만들어낸 의도적이기도 하고 비의도적이기도 한 왜곡이 아니었을까? 앙코르왓은 해자 안쪽의 둘레가 총 5.5km이며 중앙탑의 높이가 65m이다. 앙코르왓을 둘러싸

---

[20] 金榮華, p. 27; 夏鼐, p. 59; 和田久德, p. 96.

고 있는 해자는 폭이 무려 200여 미터가 된다. 한눈으로 보아도 심상치 않게 보였을 이 건축물을 로반의 묘소이며 '주위 10여 리에 돌집이 수백 칸'이라고만 주달관은 짤막하게 기록하고 있다. 중국에서도 일찍이 본 적도 들은 적도 없는 건축물을 주달관은 마주하고 있다. 오랑캐의 나라 사람들이 이런 것을 만들었다고 하니 믿고 싶지가 않다. 위축된 마음을 극복하는 수단으로 앙코르왓의 건축을 신화로 만들어 버리고 그 신화의 주인공을 중국인으로 바꿔치기 해 본 것 같다.

'돌집이 수백 칸'이란 어떤 광경을 묘사하는 것인지 불분명하다. 주위가 십여 리라는 것은 주달관의 실측일 수가 있겠다. 사원 주변을 걸어서 한 바퀴 돌아보는 것은 자유였을 테니까 말이다. 그러나 사원으로의 출입은 이 중국인에게 제한되었을 가능성이 높다.

아울러 유학자인 그에게 신의 세계는 관심 밖이었을 수도 있다. 다양한 부류의 인간에 대한 주달관의 기술은 매우 자세하다. 본 것과 들은 바를 모두 동원한다. 그러나 『진랍풍토기』 안에 신에 대한 기술은 거의 없지 않은가? 다른 사원들을 기술할 때도 건성건성이다. 앙코르톰 중앙의 왕실 사원을 이야기할 때 그는 '石室百餘間'이라 했고 바푸온 사원에 대한 묘사에서 '有石屋十數間'이라 적고 있으며 앙코르왓은 '石室數百間'으로 끝냈다. 그가 전하는 사원들이 하나같이 당대의 걸작이었다는 사실을 감안한다면 종교 건축물에 대한 주달관의 태도는 의도적인 무시나 폄하로 일관한다고 볼 수 있다.

'주위가 십여 리에 돌집이 수백 칸'이란 묘사를 지금 신중히 곱씹어 본다면야 매우 개략적 기술이기는 해도 실체에 벗어난 것은 아니라고 이야기할 수 있겠다. 그러나 주달관 시대의 독자가 『진랍풍토기』를 읽어나갈 때 누가 이 기사에 주목을 하겠는가 말이다. 주달관이 노린 효과도 그 정도일 뿐이라고 생각된다. '주위가 십여 리'라는 기술에 기초할 때 '돌집이 수백 칸'이란, '주위 십여 리'를 돌면서 본 인상의 간결한 요약이라고 할 수 있지 않을까 한다. 정문 쪽에서 또는 사원의 주변을 돌면서 보이는 웅장한 사암 건축물의 벽, 기둥, 중앙과 사방의 탑신, 장서각을 비롯한 부속 건물 등 무수한 건축물의 집합을 에둘러 '돌집이 수백 칸'이라 표현한 것이다. 설사 앙코르왓 출입이 허용되어서 그 안을 두루 돌아보았다고 할지라도 주달관은 마찬가지 표현방식을 고수했을 것이다. 애초에 자세히 그리고 실제를 전할 마음이 없다면 '돌집이 수백 칸'은 더할 나위 없이 절묘한 대안이다.

> 東池在城東十里. 周圍可百里, 中有石塔石屋.
> 동 지 재 성 동 십 리   주 위 가 백 리   중 유 석 탑 석 옥
> 塔之中有臥銅佛一身, 臍中常有水流出.
> 탑 지 중 유 와 동 불 일 신   제 중 상 유 수 류 출
>
> 동쪽 저수지는 성의 동쪽 10리에 있다. 둘레가 백여 리쯤 되며 가운데는 돌탑과 돌집이 있다. 탑 안에는 누운 동불상이 하나 있는데 배꼽에서 항상 물이 흘러 나온다.

    캄보디아 수도에는 저수지가 많았다. 바레이(baray)라 부르는 이 인공 저수지들은 우기에 물을 가두었다가 건기에는 농업용수를 공급해 일년 2~3모작을 가능케 했다.
    바레이에는 종교적인 의미도 부여되었다. 사각형으로 만들어진 바레이에 그득 물이 고이면 그것은 넓은 대양을 상징했다. 그 한가운데 섬을 만들면 그것은 우주의 중심이다. 그 우주의 중심에 신을 모신다. 이번 기사에 주달관이 소개하는 탑(Mebon)은 10세기에 건설된 것으로 그 안에는 부처나 보살상이 아니라 시바상을 모셨다고 한다.[21] 지금은 없다. 주달관의 기록에는 보이지 않지만 이 동쪽 저수지에 짝하는 서쪽 저수지가 있는데(약 16km²) 여기에도 석탑이 있고 옆으로 누운 조형물을 모셨다. 현재는 머리로부터 가슴 정도까지의 부분만 남아 있는 이 동상(銅像)은 원래 6미터 정도였던 것으로 추정되는 우람한 크기인데다가 세공도 무척 섬세한 비쉬누 상이다. 현재 캄보디아 국립박물관에 전시되어 있다.

---

21 金榮華, p. 30.

> 北池在城北五里. 中有金方塔一座, 石室數間,
> 북 지 재 성 북 오 리   중 유 금 방 탑 일 좌   석 실 수 간
> 金獅子金佛銅象銅牛銅馬之屬皆有之.
> 금 사 자 금 불 동 상 동 우 동 마 지 속 개 유 지
>
> 북쪽 못은 성곽으로부터 5리에 있다. 가운데에는 네모난 금탑이 하나 있고 돌방이 수 칸이다. 금사자, 금불, 동코끼리상, 동우, 동마 등이 갖추어져 있다.

이 못은 자야바르만 7세가 만든 자야타타카(Jayatataka) 바레이로서 가운데 사원을 만들어 보살을 모신 곳이다. 일명 '니억뽀안' 사원이라고 한다. 니억뽀안이란 서로 엉켜 또아리를 튼(뽀안) 뱀(니억)이란 뜻이다. 주달관이 말하는 금불은 금보살상이다.

3. 궁실(宮室)

> 國宮及官舍府第皆面東. 國宮在金塔金橋之北,
> 국 궁 급 관 사 부 제 개 면 동　국 궁 재 금 탑 금 교 지 북
> 近北門, 周圍可五六里.
> 근 북 문　주 위 가 오 륙 리
>
> 국궁 및 관아 건물은 모두 동쪽을 향하고 있다. 국궁은 금탑 및 금교의 북쪽에 있으며 북문에 가깝고 둘레가 약 5~6리이다.

　동남아시아에서 (베트남만 제외하고) 왕궁은 모두 동쪽을 향한다. 태양이 떠오르는 쪽을 신성시했기 때문이다. 앙코르톰의 정문이 동쪽에 있다고 했다. 왕궁 정면으로는 시엠립 강이 흐른다. 이 구조는 프놈펜에 있는 지금의 캄보디아 왕궁에서도 똑같이 적용된다.
　앙코르톰의 한가운데는 베이온 사원을 두었다고 했다. 그 북쪽에 왕궁이 있었다. 성곽의 동쪽으로 난 두 개의 정문 중 북쪽에 있는 정문은 이 왕궁으로 들어가는 문이고 남쪽, 즉 중앙에 난 문은 베이온 사원으로 연결된다.

> 其正室之瓦, 以鉛爲之, 餘皆土瓦, 黃色.
> 기 정 실 지 와   이 연 위 지   여 개 토 와   황 색
>
> 중심 건물의 기와는 납으로 만들었다. 나머지는 모두 흙으로 빚은 기와로서 누른 색이다.

　기와를 납으로 만들 수 있을까? 쉽게 이해가 되지 않는 이 구절을 두고 재료가 납(鉛, lead)이 아니라 혹 주석(錫, tin)이 아닐까라고 여기는 사람도 있다.[22] 그러나 납이든 주석이든 왕궁 내에서도 가장 높은 위치에 있는 정실의 기와를 주달관이 직접 확인했을 리는 없다. 직책도 불분명한 주달관이 일 년 체류 기간 동안 왕궁 출입을 자주 할 수도 없었을 것이고 왕궁에 들어가서도 맘놓고 정실의 기와 재질까지 정확하게 살펴볼 여유가 주어졌을 리도 없다.

　단지 생김새로 짐작하였을 것인데, 납과 같은 회색빛 지붕을 두고 납으로 만든 지붕이라고 했을 가능성이 높다. 언뜻 보기에 납과 같은 재질감을 주기 위한 질료가 사용되었을 수도 있다. 주변의 누른 기와에 대비되어 회색 기와의 웅장함이 강조되었겠다.

---

[22]　夏鼐, p. 68.

> 梁柱甚巨, 皆雕畫佛形, 屋頗壯觀. 修廊複道,
> 양 주 심 거　개 조 획 불 형　옥 파 장 관　수 랑 복 도
> 突兀參差, 稍有規模. 其蒞事處有金窓櫺,
> 돌 올 참 치　초 유 규 모　기 리 사 처 유 금 창 령
> 左右方柱上有鏡數枚, 列放於窓之旁, 其下爲象形.
> 좌 우 방 주 상 유 경 수 매　열 방 어 창 지 방　기 하 위 상 형
>
> 들보와 기둥은 매우 큰데, 모두 불교 문양을 새겼고, 집이 자못 웅장하게 보인다. 길게 뻗은 곁채의 복도가 차이를 두고 높이 솟아 자못 규모가 있다. 시무를 하는 곳은 금창[23]과 격자가 있는데, 좌우의 네모난 기둥 위에는 거울이 몇 개 있어 창문 옆에 벌여 놓여져 있다. 그 아래는 코끼리 형상을 만들었다.

　건물의 배치와 지붕의 모습을 살펴보던 주달관은 궁실 안으로 눈길을 돌렸다. 동남아시아에 흔한 고급 목재를 사용해 들보와 기둥을 만들었으니 회색빛 지붕과 더불어 내부는 장엄해 보였을 것이다. 건물 곳곳에 새겨진 불교 문양은 종교적 엄숙성을 고양시키고 있다.

　천장이 높고 그것을 받치는 큰 기둥들이 임립했다. 아마도 양 옆으로는 지붕이 있는 통행로가 길게 뻗어 있었던 것 같다. 제7장 '人物'조를 보면 궁인을 묘사하는 부분에서 '諸宮人皆次第列於兩廊窗下'라는 구절이 나오는데 여기에서 '兩廊' 즉 '양쪽 곁채(혹 통행로)'가 바로 이곳일 것이다.

　통행로 지붕의 높이 혹은 그 위의 장식들이 높이를 달리하여 세워져 있음을 묘사하고 있는 것 같다. 천장, 기둥, 통행로의 크기와 높이

23　여기서 '창'이란 기둥이 세워진 사각형의 공간을 말한다. 유리나 창문 같은 것을 연상할 필요가 없다.

가 조화를 이루면서 내부의 웅장한 맛을 더했다.

　황금창, 방주(方柱), 거울, 코끼리 형상은 왜 주달관의 관심을 끌었을까? 황금창 안은 왕이 앉은 곳으로 사방에 기둥을 세우고 위에 지붕을 얹은 구조물을 지칭한다. 왕을 알현하면서 힐끗힐끗 그 형상과 장식을 본 것이다. 왕은 황금창 안에 앉아 있고 창 밖에서 보이는 방주 위에 거울들이 놓여 있었다. 그리고 그 아래에 있는 코끼리 조각이 주달관의 눈에 들어왔다.

聞內中多有奇處, 防禁甚嚴, 不可得而見也.
_{문 내 중 다 유 기 처   방 금 심 엄   불 가 득 이 견 야}

其內中金塔, 國主夜則臥其下.
_{기 내 중 금 탑   국 주 야 즉 와 기 하}

土人皆謂塔之中有九頭蛇精, 乃一國之土地主也.
_{토 인 개 위 탑 지 중 유 구 두 사 정   내 일 국 지 토 지 주 야}

係女身, 每夜則見, 國主則先與之同寢交媾,
_{계 녀 신   매 야 즉 현   국 주 즉 선 여 지 동 침 교 구}

雖其妻亦不敢入. 二鼓乃出, 方可與妻妾同睡.
_{수 기 처 역 불 감 입   이 고 내 출   방 가 여 처 첩 동 수}

若此精一夜不見, 則番王死期至矣.
_{약 차 정 일 야 불 현   즉 번 왕 사 기 지 의}

若番王一夜不往, 則必獲災禍.
_{약 번 왕 일 야 불 왕   즉 필 획 재 화}

들건대, [왕궁] 안에는 기이한 곳이 많다 한다. [그러나] 막고 금지함이 심히 엄하여 볼 수 없었다. 그 안에는 금탑이 있는데, 국주는 밤에 그 아래 눕는다. 토인들이 모두 이르기를, 탑 안에는 머리가 아홉 개 달린 뱀 정령이 있다 하는데 한 나라의 땅을 다스리는 자라. 여자의 모습을 하고 매일 밤 나타나면 국주는 먼저 그것과 동침 교합하니, 비록 그 [왕]의 아내라도 감히 들어오지 못한다. [왕은] 두 번 북이 울릴 때야(밤 11~1시) 나가서 처첩들과 함께 잘 수 있다. 만약 이 정령이 하룻밤[이라도] 나타나지 아니하면 번왕은 죽을 때가 이른 것이다. 만약 번왕이 하룻밤[이라도] 가지 아니하면 반드시 재화를 입게 된다.

주달관이 전하는 주제는 왕의 침실 안 사정에까지 이른다. 이때부터 주달관은 본 것이 아니라 들은 것을 이야기하기 시작한다. 금탑(피마나카스) 안에는 머리가 아홉 개 달린 뱀 정령이 살고 있다 하고 땅의 주인이란다. 그리고 이 땅의 주인은 왕과 결합한다.

동남아시아 특히 캄보디아에서 왕은 신과 종종 일체화된다. 캄보디아 제국을 세운 자야바르만 2세(Jayavarman, 802~850)가 802년에 쿨렌산 위에서 즉위하면서 행한 데바라자 의식을 통해 자신을 시바와 일체화시키려 했다든가 앙코르왓을 건설한 수리야바르만 2세가 비쉬누를 자신의 사후 현신(現身)으로 여겼다는 사실은 잘 알려져 있다. 캄보디아에 대승불교가 퍼져 나가면서 12세기 무렵부터 왕은 자신을 보살로 자처하기 시작했다. 베이온 사원의 보살상이 자야바르만 7세의 얼굴이라고 하는 것은 그 때문이다. 나가라고 하는 토착의 신도 왕권의 신권화에 한 몫을 하고 있었다. 왕을 둘러싸고 있는 공간, 즉 침실로부터 왕궁, 성곽, 사원, 종교 조각, 나가는 모두 신성한 왕으로서의 신비감을 고양하기 위한 장치였다. 그런 장치의 효과가 어떻게 발현되는지는 주달관의 글에 그대로 드러나고 있다. 성곽, 바레이, 베이온 등을 거쳐서 왕궁에 이르러 현란한 금탑과 왕궁의 내부 장식, 황금창 등을 보아가던 주달관은 마침내 우리에게 캄보디아 왕의 초인간성을 속삭이고 있지 않은가 말이다.

其次如國戚大臣等屋, 制度廣袤與常人家迥別.
기 차 여 국 척 대 신 등 옥　제 도 광 무 여 상 인 가 형 별
周圍皆用草蓋, 獨家廟及正寢二處許用瓦,
주 위 개 용 초 개　독 가 묘 급 정 침 이 처 허 용 와
亦各隨其官之等級, 以爲屋室廣狹之制.
역 각 수 기 관 지 등 급　이 위 옥 실 광 협 지 제
其下如百姓之家, 止用草蓋, 瓦片不敢上屋,
기 하 여 백 성 지 가　지 용 초 개　와 편 불 감 상 옥
其廣狹雖隨家之貧富, 然終不敢傚府第制度也.
기 광 협 수 수 가 지 빈 부　연 종 불 감 효 부 제 제 도 야

그 다음으로 나라의 친인척이나 대신 등의 집은 제도나 크기가 일반 가옥과 크게 차이가 난다. 주변 [건물들]은 모두 풀잎을 써서 덮지만 오직 가묘와 본채 두 곳은 기와를 사용하는 것이 허용된다. [이] 역시 관직의 등급을 갖고 가옥 크기의 법도로 삼는다. 그 아래로 백성의 집 경우에는 풀잎으로 덮는 데서 그칠 뿐 기와 조각을 감히 집 위에 얹지 못한다. 그 넓고 좁음은 비록 집의 빈부에 따르지만 절대로 관아의 제도를 흉내내지 못한다.

왕실의 친인척과 대신의 집 양식을 소개하던 끝에 주달관은 서민의 가옥까지 다루고 있다. 이 장의 제목으로 쓰인 '궁실'이라는 단어가 원래는 '가옥'이라는 의미이니 제목에 충실한 기술이다.

그때나 지금이나 일반적인 서민 주택 양식은 주상가옥(柱床家屋)이다. 기둥을 세우고 그 위에 바닥을 만든 후 지붕을 덮는 양식 말이다. 이런 가옥에서는 기와를 쓸 일이 없다. 맨 아래에는 짐승들이 살고, 그 위에는 사람이 살며, 그 위 하늘에는 신이 있다. 신, 인간, 짐승

의 서열적 구조가 구현되는 주거 형태이다.

　귀족이나 대신의 집에 있다는 가묘는 조상을 모신 곳을 이름이다. 그러나 여기에는 힌두나 불교적 치장이 뒤따르고 힌두 및 불교신이 들어앉기도 했다. 부가(富家)들이 조상을 모시는 사당을 종교적으로 치장하고 신앙의 대상으로 삼는 습속은 동남아 각지에서 현재까지 이어진다.

4. 복식(服飾)

> 自國主以下, 男女皆椎髻袒裼, 止以布圍腰,
> 자국주이하　남녀개추계단석　지이포위요
> 出入則加以大布一條纏於小布之上.
> 출입즉가이대포일조전어소포지상
>
> 국주 이하 남녀 모두 머리는 방망이처럼 묶고 어깨는 드러낸다. 단지 천으로 허리를 두르기만 하는데, 출입할 때는 작은 천 위에 커다란 천을 하나 더 감는다.

　머리를 '방망이처럼 묶는다(椎髻)'는 것은 이 시대 캄보디아인의 독특한 상투머리를 가리킴이다. 어떤 형태였을까?
　앙코르왓이나 베이온의 부조를 보면 남성과 여성의 머리 꾸밈새가 다르다. 여성은 분명 머리를 묶었다. 묶은 매듭이 정수리로부터 약간 뒤로 넘어가 있다. 이것을 '추계'라 하면 타당하다.
　그런데 부조에 나타나는 남성의 머리 모양새는 다르다. 묶은 매듭은 전혀 보이지 않고, 적당하게 잘라 잘 빗어 뒤로 넘긴 듯한 모습이다. 오히려 중국인 남성의 머리 모양새가 캄보디아 여성처럼 '추계'에 가깝다. 그러나 유명한 자야바르만7세의 석상(12세기 말~13세기 초)은 상투머리를 하고 있다. 이런 머리 모양새가 13세기 말에는 보편화되었는가 보다.

> 布甚有等級. 國主所打之布, 有直金三四兩者,
> 포심유등급 국주소타지포 유치금삼사량자
> 極其華麗精美. 其國中雖自織布, 暹及占城皆有來者.
> 극기화려정미 기국중수자직포 섬급점성개유래자
> 往往以來自西洋者爲上, 以其精巧而細樣故也.
> 왕왕이래자서양자위상 이기정교이세양고야
>
> 천은 등급차가 매우 크다. 국주가 걸치는 천은 황금 3~4냥에 해당하는 것도 있는데 매우 화려하고 정교하며 아름답다. 이 나라에서는 비록 스스로 천을 짜긴 하지만 샴이나 참파에서 온 것도 있다. 간혹 서양으로부터 온 것을 상품(上品)으로 치니, 그것이 정교하고 문양이 섬세하기 때문이다.

여기에서는 인접국과의 물자 교류 현황을 알 수 있다. 샴 및 참파는 직조 기술이 발전한 곳이었다. '서양'은 이 당시 인디아를 가리키지만 실제는 말레이, 자바, 수마트라 지역까지 포함된다.

직물 수입국을 놓고 보면 캄보디아의 교역망을 짐작할 수 있다. 주달관이 거쳐 온 참파로부터 직물이 들어온다면 한 교역로는 주달관의 항로와 일치할 것이다. 이 교역로는 육로를 통해 서북쪽의 샴 즉 수코타이와도 연결된다. 수코타이는 캄보디아와 버마 및 캄보디아와 인디아 사이의 육상 교역을 중개했던 나라이다. 말레이나 자바, 수마트라, 인디아 방면으로부터 해로를 따라 온 배가 주달관이 지나온 메콩 항로를 거슬러 오기도 했다. 뒤에 자세히 나오겠지만 중국 물자의 수입도 성했다.

惟國主可打純花布, 頭戴金冠子, 如金剛頭上所戴者.
유 국 주 가 타 순 화 포 두 대 금 관 자 여 금 강 두 상 소 대 자

或有時不戴冠, 但以線穿香花如茉莉之類,
혹 유 시 부 대 관 단 이 선 천 향 화 여 말 리 지 류

周帀於髻間. 項上帶大珠牌三五片,
주 잡 어 계 간 항 상 대 대 주 패 삼 오 편

手足及諸指上皆帶金鐲指展, 上皆嵌猫兒眼睛石.
수 족 급 제 지 상 개 대 금 탁 지 전 상 개 감 묘 아 안 정 석

其下跣足, 足下及手掌蓋以紅藥染赤色.
기 하 선 족 족 하 급 수 장 개 이 홍 약 염 적 색

出則手持金劍. 百姓間惟婦女可染手足掌,
출 즉 수 지 금 검 백 성 간 유 부 녀 가 염 수 족 장

男子不敢也.
남 자 불 감 야

오직 국주만이 순화포를 입을 수 있다. 머리에는 금관을 썼는데, 마치 지금강불(持金剛佛, Vajradhara) 머리 위에 쓴 것과 같다. 혹 머리에 관을 쓰지 않을 때는 단지 자스민 같은 향기로운 꽃을 꿴 줄을 묶은 머리 사이에 두른다. 목에는 큰 진주패 3~5조각을 걸었다. 손발 및 모든 손가락에는 모두 금으로 된 팔찌, 발찌 및 반지를 꼈는데 위에는 다 묘아안정석이 박혀 있다. 그 아래는 맨발이며, 발바닥 및 손바닥은 대개 홍약으로 붉게 물들였다. 나갈 때는 손에 황금칼을 든다. 백성 중에 오직 부녀자만 손·발바닥을 물들일 수 있고, 남자는 감히 [하지] 않는다.

화려한 옷을 걸친 왕이 지금강불과 유사하게 황금관을 쓰고 있는 모습이 묘사된다. 왕이 앉은 모습은 부처상과 같아 보였을 것이다. 외모를 장식하고 있는 황금, 진주, 묘안석 등이 매우 화려하게 느껴

진다. 전하는 바에 의하면 황금칼은 인도의 제석신(帝釋神) 인드라(Indra)가 캄보디아 왕의 선조에게 준 것이라고 한다.[24]

---

24 金榮華, p. 39.

大臣國戚可打疏花布, 惟官人可打兩頭花布,
대 신 국 척 가 타 소 화 포   유 관 인 가 타 양 두 화 포
百姓間惟婦人可打之. 新唐人雖打兩頭花布,
백 성 간 유 부 인 가 타 지   신 당 인 수 타 양 두 화 포
人亦不敢罪之, 以其暗丁八殺故也. 暗丁八殺者,
인 역 불 감 죄 지   이 기 암 정 팔 살 고 야   암 정 팔 살 자
不識體例也.
불 식 체 례 야

대신 및 국왕의 친인척은 소화포를 입을 수 있고, 오직 관인만이 양두화포를 입을 수 있으며, 백성 중에는 부녀자만이 그것을 입을 수 있다. 새로 온 중국인들은 비록 양두화포를 입더라도 사람들이 감히 처벌하지 않으니, 그들이 암정팔살[25]이기 때문이다. 암정팔살이란 법도를 모른다는 뜻이다.

왕이 입는다는 순화포, 대신 및 국왕의 친인척이 입는다는 소화포, 관리 및 부녀, 그리고 새로 온 중국인들이 입는다는 양두화포 등 소개되는 화포의 종류가 셋이다. 무늬 개수에 따른 차이가 아닌가 한다. 순화포는 가장 다양한 (꽃)문양이 있고, 소화포에서는 문양이 적어지다가 양두화포에서는 천의 양쪽 머리에만 문양이 있다는 차이일 것이다. 전통시대 복장의 통제 방법 중에 가장 흔한 것은 색상 통제였다. 그러나 주달관의 관찰에 의하면 캄보디아는 색상보다는 문양의 복잡성 정도가 통제 기준이었나 보다.

---

25 'it den(알지 못하다)'과 'phea-sā(언어)'의 결합어를 음사한 것이라는 주장(和田久德, p. 101)에 나는 동의한다. 이 단어들의 현재 캄보디아어 발음을 좀더 정확히 표현하자면 '엇 덩 피어 싸'이다.

특이한 것은, 왕이 하듯 손·발바닥에 붉은 물을 들이는 것도 그렇고 관리에게만 허용된 양두화포를 입을 수 있는 것도 그렇고 일반 백성 중에서 여성이 남성보다 우대를 받고 있다는 사실이다.

'암정팔살'이란 캄보디아어의 중국어 음차이다. 하지만 음차를 하면서도 교묘하게 의미까지 연결시키는 중국어 음차 방식을 따라 '여덟 번 죽여도 시원찮을 우둔한 남자'라는 식으로 단어를 만들었다. 이제 막 캄보디아 땅에 들어온 중국인들로서는 현지 사정을 알 리가 없다. 그냥 내버려 두면 스스로 알아서 현지 법도에 적응해 갈 것이다.

5. 관속(官屬)

> 國中亦有丞相將帥司天等官, 其下各設司吏之屬,
> 국 중 역 유 승 상 장 수 사 천 등 관   기 하 각 설 사 리 지 속
> 但名稱不同耳. 大抵皆國戚爲之, 亦納女爲嬪.
> 단 명 칭 부 동 이   대 저 개 국 척 위 지   역 납 여 위 빈
>
> 나라 안에는 승상, 장수, 천문관 등의 관직도 있으며 그 아래로 담당 관리가 각각 두어진다. 단지 명칭이 [중국 것과] 같지 않을 뿐이다. 대저 모두 왕의 인척들이 그 일을 하고 딸을 들여 왕의 아내로 삼기도 한다.

 왕의 인척들이 고위직을 독점하고 있었던 것은 동남아시아 역사 속에서 자주 보이던 현상이었다. 같은 시기 베트남도 승상과 장군 직을 모두 왕가의 인물들이 차지하고 왕후 역시 인척 가운데서 고르는 '종실독점지배체제(宗室獨占支配體制)'였다.
 주달관이 방문했을 당시 캄보디아에서도 왕은 인척의 딸과 혼인하는 근친혼이 일반적이었다. 왕실 집단의 결속을 강화하고 왕 혈통의 순수성을 확보한다는 차원에서 근친혼은 선호되었다.

其出入儀從, 亦有等級. 用金轎杠四金傘柄者爲上,
기 출 입 의 종　역 유 등 급　용 금 교 강 사 금 산 병 자 위 상

金轎杠二金傘柄者次之, 金轎杠一金傘柄者又次之,
금 교 강 이 금 산 병 자 차 지　금 교 강 일 금 산 병 자 우 차 지

止用一金傘柄者又其次也. 其下者止用一銀傘柄而已,
지 용 일 금 산 병 자 우 기 차 야　기 하 자 지 용 일 은 산 병 이 이

亦有用銀轎杠者. 金傘柄以上官皆呼爲巴丁或呼暗丁.
역 유 용 은 교 강 자　금 산 병 이 상 관 개 호 위 파 정 혹 호 암 정

銀傘柄者呼爲厮辣的. 傘皆用中國紅絹爲之,
은 산 병 자 호 위 시 랄 적　산 개 용 중 국 홍 견 위 지

其裙直拖地. 油傘皆以綠絹爲之, 裙却短.
기 군 직 타 지　유 산 개 이 녹 견 위 지　군 각 단

그들이 출입할 때의 의례와 수행도 등급이 있다. 금으로 된 가마 멜대와 금으로 된 일산 손잡이 네 개를 사용하는 자가 가장 높은 등급이다. 금으로 된 멜대와 두 개의 일산 금 손잡이를 쓰는 자가 다음이며 금으로 된 멜대와 한 개의 일산 금 손잡이를 사용하는 자가 그 다음이고, 한 개의 일산 금 손잡이만을 사용하는 자가 또 그 다음이다. 그 아래 사람들은 은으로 된 일산 손잡이만을 쓸 뿐이며 은으로 된 멜대를 사용하는 자도 있다. 금 일산 손잡이 이상의 관리는 모두 파정 또는 암정이라 부르며 은 일산 손잡이를 쓰는 자는 시랄적이라 부른다.[26] 일산은 모두 중국의 붉은 견직으로 만들었으며 장식 술은 땅에 끌린다. 기름먹인 산[27]은 모두 녹색 견사로 만들었는데 술은 반대로 짧다.

---

26 '파정', '암정', '시랄적'은 각각 'mraten', 'amten', 'silpavit'의 음사라고 하지만(和田 久德, pp. 101-102) 캄보디아 번역서에서는 이들을 각각 '므로땡', '껌다앵', '쓰리스 틴'으로 비정하며 앞의 두 개는 고위직 관리, 세 번째 것은 학자를 지원하는 자들이라 설명하고 있다. Ly Theam Teng, pp. 21; 77; 80.

27 우산이 아닌가 한다.

관리에 대한 설명에서 주달관은 캄보디아인의 행차 모양새의 등급을 유난히 길게 설명하고 있다. 가마 멜대 및 일산 손잡이의 색깔과 개수가 주달관에게는 왜 그리 중요했을까? '예법'을 중시하는 유학자적 소양의 발로였을까?

6. 삼교(三教)

> 爲儒者呼爲班詰, 爲僧者呼爲苧姑,
> 위유자호위반힐　위승자호위저고
>
> 爲道者呼爲八思惟.
> 위도자호위팔사유
>
> 선비된 이를 일러 반힐이라 하고, 승려된 자를 일러 저고라 하며, 도사된 자를 일러 팔사유라 부른다.

여기서 '선비된 이'란 궁정의 제의를 주관하는 브라만을 가리킨다. 불교가 국가의 주요 종교이지만 인도문화의 영향을 많이 받은 캄보디아에는 당시까지도 힌두적 관례가 많이 남아 있었다.

승려를 가리키는 '저고'란 타이어 '짜오꾸'에서 온 말이라고 한다.[28] 타이어 어휘가 캄보디아에서 사용된 사례이다. 동남아시아에서 소승불교가 가장 먼저 발전한 곳은 버마였다. 소승불교는 이곳으로부터

---

[28] '반힐'은 'pandita', '저고'는 승려를 지칭하는 타이어 'chǎo ku'라는 설명과 함께 和田久德은 혹 '苧姑'가 '荸姑'의 오자가 아닌가 하여 브라만 승려를 지칭하는 캄보디아어 'bā kŭ'일 가능성도 소개하고 있다. 和田久德, pp. 102-103. 그러나 본인이 생각하기에는 그렇게까지 복잡하게 고구할 필요까지는 없다. 지금 주달관은 불교 승려에 대해 얘기하고 있지 않은가? '빤딧'은 현재에도 학식있는 자를 의미하며 과거에 절의 우두머리를 '쩌우 꾸'라 불렀다. '팔사유'는 '빠쓰위'의 음차로서 은둔 수련자라는 의미로 해석되기도 한다. Ly Theam Teng, pp. 21; 78.

동진하며 태국, 캄보디아로 퍼진 것이다. 이 과정에서 승려를 지칭하는 타이어가 캄보디아로 수입되었다. 현재는 이 단어가 사용되지 않고 대신 '록쏭'이란 말이 쓰인다.

 '팔사유'는 시바교도들이다. 현재는 인도의 토속 종교를 힌두교라 해서 브라만교와 시바교를 구분하지 않지만 당시 캄보디아에서는 이 두 종교 간의 구별이 명확했던 것 같다. 인도의 토착 세 신은 브라마, 비쉬누, 시바로서 각각 창조, 유지, 파괴의 신으로 간주되었다.

> 班詰不知其所祖, 亦無所謂學舍講習之處,
> 반힐부지기소조 역무소위학사강습지처
> 亦難究其所讀何書. 但見其如常人打布之外,
> 역난구기소독하서   단견기여상인타포지외
> 於項上掛白線一條, 以此別其爲儒耳. 由班詰入仕者,
> 어항상괘백선일조 이차별기위유이 유반힐입사자
> 則爲高上之人, 項上之線, 終身不去.
> 즉위고상지인 항상지선 종신불거

> 반힐은 그 기원이 어디인지 알 수가 없다. 또한 소위 학사라든가 강습 장소도 없으며, 그들이 무슨 책을 읽는 지도 헤아리기 힘들다. 단지 보통 사람처럼 천을 걸치는 외에 목에 흰 줄 하나를 건 것을 보아 그들이 학식있는 자임을 구별할 뿐이다. 반힐로서 벼슬에 오른 자는 높은 사람이 된 것이지만 목의 줄은 죽을 때까지 풀지 않는다.

주달관의 의식 세계에 인도는 없다. 그에게 인도는 그냥 '서양'일 뿐이었다. 그런 주달관이 브라만이나 시바교도들의 내원(來源)을 이해했을 리가 없다. 단지 그가 이 브라만의 존재를 주목하고 이들에 대한 관찰을 우리에게 남겨준 것은 참으로 고마운 일이다. 이런 기록이 없다면 우리는 자칫 13세기 말 캄보디아의 종교적 성향을 불교 일색인 것으로 이해할 수 있기 때문이다. 이 시대 캄보디아 사회는 전반적으로 불교화되고 있었지만 힌두적 요소가 아직 많이 남아 있었다.

苧姑削髮穿黃, 偏袒右肩, 其下則繫黃布裙, 跣足.
저고삭발천황 편단우견 기하즉계황포군 선족

寺亦許用瓦蓋, 中止有一像, 正如釋迦佛之狀,
사역허용와개 중지유일상 정여석가불지상

呼爲孛賴, 穿紅, 塑以泥, 飾以丹靑, 外此別無像也.
호위패뢰 천홍 소이니 식이단청 외차별무상야

塔中之佛, 相貌又別, 皆以銅鑄成,
탑중지불 상모우별 개이동주성

無鐘鼓鐃鈸與幢幡寶蓋之類. 僧皆茹魚肉, 惟不飮酒.
무종고요발여당번보개지류 승개여어육 유불음주

供佛亦用魚肉, 每日一齋, 皆取辦於齋主之家,
공불역용어육 매일일재 개취판어재주지가

寺中不設廚竈. 所誦之經甚多, 皆以貝葉疊成,
사중불설주조 소송지경심다 개이패엽첩성

極其齊整, 於上寫黑字, 旣不用筆墨,
극기제정 어상사흑자 기불용필묵

但不知其以何物書寫. 僧亦用金銀轎杠傘柄者,
단부지기이하물서사 승역용금은교강산병자

國主有大政亦咨訪之. 却無尼姑.
국주유대정역자방지 각무니고

저고는 머리를 깎고 황색 [천]을 두른다. 오른 쪽 어깨를 드러내고 그 아래는 노란 천으로 만든 하의를 두른다. 맨발이다. 절 역시 기와를 사용해 지붕을 덮는 것이 허용된다. 안에는 단지 상이 하나 있을 뿐인데 석가불의 모습과 똑같다. 패뢰라고 부른다. 홍색 [천]을 걸치고 흙으로 빚었으며 붉고 푸른 색으로 장식했다. 그 외 다른 상은 없다. 탑 안에 있는 불상은 생김새가 또 다른데, 모두 구리를 녹여 만들었다. 종, 북, 요발, 당번, 보개 같은 것은 없다. 승려들은 누구나 생선 및 고기를 먹지만, 단지 술은 마시지 아니한다. 부처에게 공양할 때도 생선과 고기를 사용한다. 매일 한 번 재를 드리는데 모두 재주의

> 집에서 가져다 사용하며, 절 안에 부엌을 두지 않는다. 읽는 경전이 매우 많은데, 모두 패엽을 접어 만든 것으로서, 매우 가지런하며 반듯한 [패엽] 위에 검은 글자로 썼다. 필묵은 원래 사용하지 않으니, 이것이 무엇으로 쓴 것인지 모르겠을 따름이다. 승려 중에도 금은으로 만든 가마 멜대나 일산 손잡이를 사용하는 자가 있다. 국주는 큰 정치 사안이 있을 때 이들에게 자문을 구하러 방문한다. 여승은 없다.

승려의 모습은 현재와 거의 유사하다. 절 지붕을 기와로 장식하는 것도 요즘과 마찬가지이다. 절 안에는 석가불 하나만 단촐하게 모셔져 있고 이를 '패뢰'[29]라 부른다고 했다. '패뢰'란 타이어 '프라(prah)'의 음사라는 설도 있다.[30] 타이어로 '프라'는 부처 또는 불상을 의미한다. 우리 귀에 익은 라오스의 도시 '루앙프라방'은 '프라방이 있는 곳'이란 의미인데, '프라방'은 '황금(방) 불(프라)'이다.

탑 안에 있는 불상들은 생김새가 다르다고 주달관은 전하고 있다. 金榮華는 혹 이 '불상'이 시바 등 힌두 상징물이 아닐까 추측하고 있다.[31] 주달관이 책의 도처에서 불상, 보살상, 힌두신상을 전혀 구분하지 않고 '불상'이라 한가지로 칭하고 있다는 사실과 당시 불교가 힌두

---

29 고 크메르어 vrah, 현대어 prəh의 대음. 和田久德, p. 103. 쁘레아(prəh)는 요즘 통상 영문으로는 'preah'로 표기되는데 신(상)이란 의미를 갖는다. 앙코르 유적군에는 이 단어가 붙은 사원 유적지가 꽤 있다. Preah Ko 및 Preah Pithur가 그 사례들이다.

30 Pelliot(1951), p. 14.

31 金榮華, p. 45.

교를 대체해 가고 있는 형편이었음을 고려한다면 金榮華의 의견은 타당하다고 생각된다.

당시 승려들은 육식을 했다. 부처님에게 드리는 공양물에도 육식이 포함되었다고 주달관은 전하고 있다. 동남아시아에서는 승려라도 엄격한 육식 금지가 애초부터 불가능할 소지가 다분하다. 예를 들어 이들의 식습관에서 매우 중요한 생선 소스를 생각해 보자. 이 소스는 우리의 간장이나 된장과 마찬가지인 필수 식품이다. 밥을 먹을 때 반찬으로도 쓰지만 음식을 조리할 때 빠지지 않고 들어가는 조미료이기도 하다. 무엇보다도, 생선 소스는 더운 기후에서 사는 사람들에게 매우 중요한 염분 및 비타민 공급원인데 이것 없이 어떻게 음식을 만든단 말인가? 생선 소스를 대체할 콩으로 만든 된장이나 간장이 없었던 동남아시아에서 승려들의 생존을 위한 생선의 희생은 피할 수 없는 일이었다. 현재도 캄보디아에서는 불교 승려가 고기 및 생선을 먹는다.[32] 단 술 마시는 일을 삼가함은 마음 먹기에 달린 것이니 금함이 엄격하다.

승려의 식사는 탁발 및 신도들의 공양에 의존하니 절에 부엌이 있을 필요가 없다. 이는 현재도 마찬가지이다.

승려가 읽는 경전은 패엽을 접어 만든 것이라 했다. 패엽이란 원래 패다엽(貝多葉)이라고 하는 인도의 다라수(多羅樹)에서 온 말이다. 다라수는 야자나무의 일종이다. 야자나뭇잎을 가공한 후 그것을 나란히 접고 붙여서 종이처럼 사용하는 방법은 동남아시아에서 매우 일반적이었다. 패엽에 글씨를 쓰는 경우 보통 철필을 사용했다. 철필로 쓴 후 검은 기름을 표면에 발랐다가 닦아내면 철필 자국에 스며든

---

[32] 일반적으로 캄보디아 불교에서 먹기를 금하는 고기는 다음과 같이 열 가지이다: 개, 뱀, 코끼리, 말, 사람, 곰, 들개, 호랑이, 표범, 사자.

검은 색만 남게 된다. 그래서 주달관의 관찰처럼 '검은 글자로' 쓴 것 같아 보이는 것이다.

불교가 발전한 곳에서 고명한 승려가 왕의 정치적 자문역을 하는 것은 이 시대에 동북아, 동남아를 막론하고 어느 나라에서나 마찬가지였다. 특히 승려들의 중앙 조직인 상가(sangha, 僧伽)의 수장이 차지하는 권위는 매우 컸다.

주달관은 캄보디아에 여승이 없다고 했다. 이는 현재도 마찬가지이다. 소승불교에서 여성은 부처가 될 자격이 없다. 여성에게는 단지 부처가 되고자 수양하는 승려들을 공양할 의무만 있을 뿐이다. 부처가 되는 기회는 내세에 다시 남자로 태어나서야 가질 수 있다.

八思惟正如常人, 打布之外, 但於頭上戴一紅布或白布,
如韃靼娘子罟姑之狀而略低. 亦有宮觀,
但比之寺院較狹, 而道敎者亦不如僧敎之盛耳.
所供無別像, 但止一塊石, 如中國社壇[33]中之石耳,
亦不知其何所祖也. 却有女道士. 宮觀亦得用瓦.
八思惟不食他人之食, 亦不令人見食, 亦不飲酒.
不曾見其誦經及與人功果之事.

팔사유는 일반인과 똑같이 천을 걸치는 이외에 단지 머리에 홍포 또는 백포 하나를 쓰는데, 몽골 처녀들의 고고와 모양새가 비슷하지만 약간 낮다. 사원도 있으나 불교 사원에 비해 비교적 좁으며, 도자의 가르침 역시 승려의 가르침이 융성함만 못하다. 모시는 바는 별다른 상이 없고, 단지 돌덩어리 하나뿐이다. 중국 사단 안에 있는 돌과 같을 뿐인데, 어디로부터 유래한 것인지 모르겠다. 하지만 여성 도사는 있다. 궁관도 역시 기와를 사용할 수 있다. 팔사유는 다른 사람의 밥을 먹지 아니하며 다른 사람으로 하여금 [자신들이] 먹는 모습을 보게 하지

---

[33] '고금일사본' 원본에는 '社壇'이라 되어 있는데, 金榮華는 이를 '社稷壇'으로 고쳤다. 그러나 '사고전서본'이나 '고금설해본'에도 그냥 '社壇'이라고만 되어 있는 것으로 보아 반드시 '社稷壇'일 필요는 없지 않을까 한다. 그냥 '社壇'으로 두었다. 일반적으로 사직단이라 부르는 곳에는 토지의 신을 모시는 사단과 곡식의 신을 모시는 직단이 좌우에 나란히 따로 마련되어 있다. 사단은 동쪽, 직단은 서쪽에 자리 잡는다.

> 도 않는다. [이들] 역시 술은 마시지 않는다. 이들이 경을 읽거
> 나 다른 사람들에게 공덕을 베푸는 일을 [나는] 본 적이 없다.

여기에서 가장 흥미로운 존재는 궁관 안에 있다는 돌덩어리이다. 뻴리오는 이를 링가(linga)라고 단정했다.[34] 발기한 남근상(男根像)으로서 시바의 화신으로 간주되는 링가를 시바교도들이 모시고 숭배하는 것은 당연해 보일 수도 있다. 통상 링가는 여성의 성기를 상징하는 요니(yoni)와 결합되어 있다.

金榮華는 '중국 사단 안에 있는 돌과 같다'는 기록에 주목하고『원전장(元典章)』권 30 '社稷壇' 조를 찾아 사단 안에 있다는 돌 즉 석사주(石社主)의 모습을 소개하고 있는데 '길이 2척 5촌(長二尺五), 정방형의 한 면이 1척(方一尺)'이라 했다.[35]『원전장』의 기록을 좀 더 살펴 보면 석주의 '위는 깎아내고(剡其上) 아래 반은 흙으로 북돋운다(培其下半)'고 했다.[36] 하지만 이 기술만 가지고는 석사주의 모습이 얼른 들어오지 않는다.

조선조 세종~성종 시기 편찬된『국조오례의서례(國朝五禮儀序例)』권 1 '吉禮' 중 '壇廟圖說'에는 사직단에 대한 설명이 석사주를 포함하는 그림과 함께 나와 있다. 여기서 묘사되는 석사주의 규격은 길이 2척 5촌, 정방형의 한 면이 1척으로『원전장』의 규격과 일치한다.

---

34 Pelliot (1951), p. 15.
35 金榮華, p. 46.
36 陳高華 等 點校,『元典章-大元聖政國朝典章』(天津: 中華書局, 2011), p. 1078 (禮部卷之三, 祭祀, 立社稷壇).

'위는 깎아 내고 아래 반은 흙으로 북돋운다'는 표현도 똑같다. 석사주 그림을 보면 기다란 직육면체 돌비석 모양의 주신(主身) 윗부분은 둥그렇게 깎여 있고 아래에는 정방형의 받침대가 있다. 평상시는 주신의 반을 흙으로 덮어 놓았다가 행사 때에 흙이 제거되고 제 모습을 드러내는 것 같다. 주달관이 본 것은 이때의 석사주였을 것이다. 그렇다면 석사주는 정방형의 석대(石臺) 중앙에 우뚝 서 있는 모양이 된다. 이렇게 생긴 석주가 토지의 신을 모시는 사단과 오곡의 신을 모시는 직단 중앙에 각각 '국사신(國社神)', '국직신(國稷神)'이란 이름을 달고 서 있다.[37] 그러니 요니 위에 박혀 있는 링가와 중국 사단(및 직단)의 석주 모습이 비슷해 보였을 수 있는 것이다.

그런데 석사주나 링가는 기능 면에서도 유사성을 가졌던 것으로 이해해 보는 시도도 가능하다. 이를 위해 곽말약(郭沫若)의 분석을 참고할 만하다. 그는 '땅 귀신 기(示 혹은 木)'와 '선비 사(士)' 또는 '흙 토(土)'가 결합된 글자인 '사(社)'를 남성의 성기에서 유래한 것으로 여기고 있으며 남근 숭배가 이루어지던 고대의 사 또는 사직을 남녀간의 집단 성교가 행해졌던 곳으로까지 생각하고 있다.[38] 인력이 곧 권력이었던 원시 고대 사회에서 발기한 남근이 인력 생산의 근원으로 간주되었을 가능성은 높다. 남근상의 주술성을 빌어 집단 성교가 이루어지는 것도 자연스러워 보인다. 창조와 생산이란 측면에서 남근과 땅은 서로 통한다. 생산된 인력을 먹여 살리는 일도 중요했으니 사와 직은 함께 하는 것이다.

동남아의 링가 숭배와 중국의 사직단 기원 사이의 관련성은 아직

---

37 『國朝五禮儀序例』(서울: 景文社, 1979), pp. 365-366.
38 『郭沫若全集』第一卷 考古編, (北京: 科學出版社, 1982), pp. 39; 55-59.

딱히 이렇다고 단정하기에는 이르다. 더 많은 연구가 필요하다. 단지 링가와 사직단의 관련성을 생각해 보게 하는 것만으로도 주달관이 남긴 기록의 가치는 크다고 할 수 있겠다.

俗之小兒入學者, 皆先就僧家敎習, 曁長而還俗.
속 지 소 아 입 학 자   개 선 취 승 가 교 습   기 장 이 환 속
其詳莫能考也.
기 상 막 능 고 야

배우기 시작하는 세속의 어린 아이들은 모두 먼저 절집에 가서 공부하고 성장하면 환속한다. 그 자세한 것은 알지 못하겠다.

사내 아이들이 절에 들어가서 공부하는 관행은 아직까지도 캄보디아, 라오스, 태국, 버마 등 모든 소승불교 국가에 남아 있다. 절은 교육기관이라는 관념이 강한 까닭에 일부 지역에서는 초등학교가 아예 절에 들어서 있기도 하다.

7. 인물(人物)

> 人但知蠻俗, 人物粗醜而甚黑.
> 인 단 지 만 속   인 물 조 추 이 심 흑
> 殊不知居于海島村僻, 及尋常閭巷間者,
> 수 부 지 거 우 해 도 촌 벽   급 심 상 여 항 간 자
> 則信然矣. 至如宮人及南棚婦女, 多有其白如玉者,
> 즉 신 연 의   지 여 궁 인 급 남 붕 부 녀   다 유 기 백 여 옥 자
> 蓋以不見天日之光故也.
> 개 이 불 견 천 일 지 광 고 야
>
> 사람들은 단지 야만의 풍속만을 알 뿐이며, 생김새는 조잡하고 추하며 매우 검다. 바다 위의 섬이나 궁벽한 촌락에 사는 사람들은 모르겠지만, 보통 마을의 사람들은 분명히 그러하다. 궁인 내지 귀족의 부녀 중에는 옥같이 흰 이가 많은데 햇빛을 보지 못하기 때문이다.

여기서는 극단적인 대비가 눈길을 끈다. 일반 사람들은 생김새가 조잡하고 추하며 매우 검다고 했다. 반면 상류층의 부녀 중에는 희기가 옥같은 사람이 많다고 했다.

캄보디아 사람의 피부가 중국인에 비해 검은 것은 사실이나 그런 피부를 가진 사람 중에도 잘생긴 사람, 못생긴 사람이 있다. 이는 중국인도 마찬가지이다. 그럼에도 불구하고 하나같이 '조잡하고 추하

다'라 한 것은 지독한 호도(糊塗)이다.

씌어진 기록은 종종 객관적 역사의 재건에 매우 악질적인 방해요소가 될 수도 있음을 『진랍풍토기』는 여실히 보여주고 있다. 사실 책 제목도 그렇다. 궁실, 성곽을 비롯해 국왕의 행차까지 다루는 관찰기 제목이 '바람과 흙에 대한 기록(풍토기)'이라니.

부녀 중에서 피부가 옥같이 흰 사람이 많다고 한 주달관의 관찰은 옳다. 하지만 그 이유가 햇빛을 보지 않아서인 것 같지는 않다. 또 단지 피부가 희다는 것과 '옥같이 희다'는 다르다. 이는 크메르 민족의 한 특성이 아닌가 한다. 캄보디아에서는 피부가 검으면서도 밝은 빛이 나는 여성을 가끔 만난다. 동남아시아 여성 대부분이 피부가 검은 편인데 (동북아인과 비교하여) 유독 캄보디아에서만 검으면서도 밝은 얼굴을 가진 여성들을 만날 수 있다.

남녀를 불문하고 애초부터 피부가 흰 사람은 많았고 현재도 많다. 다양한 민족이 함께 모여 살다 보면 피부색 또한 다양해지지 않겠는가. 당시 캄보디아에는 중국인도 있었고 현지인과 사이에서 태어나는 아이들도 많았다. 13세기 시엠립의 외국인이 어디 중국인뿐이었겠는가? 말레이, 베트남, 아랍, 인디아, 샴, 버마인들이 있었다. 이들이 섞이다 보면 피부가 흰 사람도 태어나기 마련이다.

> 大抵一布經腰之外, 不以男女, 皆露[39]出胸酥,
> 대저일포경요지외 불이남녀 개노 출흉수
> 椎髻跣足, 雖國主之妻, 亦只如此.
> 추계선족 수국주지처 역지여차
>
> 대저 한 개의 천으로 허리를 감는 외에 남녀를 불문하고 모두 앞가슴을 드러낸다. 상투를 틀고 맨발이니, 국주의 아내도 단지 이와 같다.

한 개의 천으로 허리를 감는 것은 남녀 공통이지만 방법은 달랐다. 여성의 복식은 지금도 동남아시아에서 일반적인 긴 치마와 비슷하고 남성은 바지 모양으로 엮었다. 여성이 치마와 비슷한 복장을 하고 상체를 드러낸 것은 베이온의 부조에서 뿐만 아니라 앙코르 지역 곳곳의 사원에 새겨진 전설 속의 요정이자 무희인 압사라(apsara) 상에서도 확인할 수 있다.

---

39 원문에 '露'는 '靈'으로 되어 있는데 오사(誤寫)인 듯하여 바로 잡았다. 같은 '고금일사본'을 사용한 레흐엉 및 夏鼐의 책에는 '露'로 되어 있다.

> 國主凡有五妻, 正室一人, 四方四人. 其下嬪婢之屬,
> 국주범유오처 정실일인 사방사인 기하빈비지속
> 聞有三五千, 亦自分等級, 未嘗輕出戶.
> 문유삼오천 역자분등급 미상경출호
>
> 국주에게는 모두 5명의 처가 있다. 정실은 한 명이고 사방에 4인이다. 그 아래 비빈의 무리는 삼천 내지 오천이라 들었다. 역시 각자 등급이 있고, 가벼이 집을 나가는 적이 없다.

왕이 다섯 명의 처를 두는 것은 동남아시아에서 종종 보이는 모습이다. 한 명의 정실을 두고 나머지 네 명은 동서남북을 상징한다. 다섯 명의 아내 외에 후궁의 수가 수천이라 했다. 들은 말에 의한 바라 했으니 허풍이라 탓할 일은 못된다. 매일 밤 뱀 정령과 교합하는 위에 다섯 명의 처를 두고 후궁을 수천 두었다니 캄보디아 왕에 대한 이미지는 더 신비화되어 간다.

> 余每一入內, 見番主必與正妻同出, 乃坐正室金窓中.
> 여 매 일 입 내   견 번 주 필 여 정 처 동 출   내 좌 정 실 금 창 중
> 諸宮人皆次第列於兩廊窓下, 徙倚窺視余備獲一見.
> 제 궁 인 개 차 제 열 어 양 낭 창 하   사 의 규 시 여 비 획 일 견
> 凡人家有女美貌者, 必召入內.
> 범 인 가 유 녀 미 모 자   필 소 입 내
>
> 내가 매번 [궁] 안으로 들어갈 때면 번주가 반드시 정처와 함께 나와 정실의 금창 안에 앉는 것을 본다. 궁인들은 모두 차례로 양쪽 곁채의 창 아래 자리 잡고 이리저리 나를 엿보며 한 번 볼 기회를 노린다. 무릇 인가에 아름다운 용모의 여성이 있으면 반드시 불러 [궁] 안으로 들인다.

주달관 일행이 왕을 알현하러 왕궁 안으로 들어가면 왕과 왕비가 함께 나와 일행을 맞았다. 옆으로 길게 늘어 앉은 궁인들이 호기심에 겨워 힐끔힐끔 이방인을 구경하는 장면이 흥미롭다. 주달관 역시 이들을 훔쳐보는 데 바빴을 거라는 생각이 든다. 본문 중 '사의규시여비획일견(徙倚窺視余備獲一見)'을 '사의규시(徙倚窺視), 여비획일견(余備獲一見)'이라 끊어 읽으면 '[궁인들이] 이리저리 엿보면 나도 한 번 볼 기회가 생긴다'라고 번역될 수도 있다.

이쯤에서 '국주' 또는 '번왕'이 이국 또는 야만의 군주라는 뉘앙스를 갖는 '번주'로 바뀐다. 왕비가 왕과 함께 나오는 것, 궁녀들이 힐끔거리는 모습 등이 주달관에게는 예법을 모르는 야만적 행동으로 비추어졌던가 보다. '야만적'이라는 인상이 '번주'라는 호칭에 투영된다.

> 其下供內中出入之役者, 呼爲陳家蘭, 亦不下一二千.
> 却皆有丈夫, 與民間雜處. 只於頂門之前削去其髮,
> 如北人開水道之狀, 塗以銀硃, 及塗於兩鬢之傍,
> 以此爲陳家蘭別耳. 惟此婦可以入內, 其下餘人不可
> 得而入也. 內宮之前, 多有絡繹于道途間.
>
> 그 아래 궁 안을 받들어 출입하며 일하는 사람을 일러 진가란[40]이라 부르는데 역시 일이천 명 아래로 내려가지 않는다. 모두 남편이 있고 민간에 더불어 섞여 산다. 단지 정수리 앞머리를 밀어내 북인의 개수도와 같은 모습을 하고 은주로 색을 칠하는데, 양쪽 귀밑 살쩍 쪽에도 색을 칠함으로써 진가란임을 구별할 따름이다. 오직 이들 여성들만 궁 안으로 들어갈 수 있고, 그 아랫 사람들은 들어갈 수 없다. 내궁의 앞길 곳곳에는 [진가란의] 왕래가 많다.

인물에 대한 소개에서 주달관은 줄곧 여성에 대해 관심을 갖고 있다. 그는 제일 먼저 왕비 다섯을 언급하고, 그 아래 비빈들을 나열한 뒤 이 부분에서는 궁중의 잡다한 살림을 맡고 있는 궁녀들을 소개한다. 그들은 궁중을 출입하고 궁 밖에서 가정을 꾸리며 살고 있다. 그리고 머리 모양새로 자신의 신분을 표시했다. 주달관은 이 여성들의

---

40 srngara(궁녀)라는 주장이 있다. 金榮華, p. 123; 夏鼐, p. 103. 궁녀를 의미하는 현재의 캄보디아어의 발음은 '쓰랑끼어'이다.

머리 모양을 '북인의 개수도' 같은 형상이라 했는데 여기서 '북인'이란 여진, 거란 등 북방 민족을 가리킨다. 이들이 앞머리를 올려 밀은 모양을 중국인들은 '개수도'라고 했는가 보다.

은주란 밝은 색이 나는 붉은 칠이다. 당시 중국으로부터 많이 수입되었다. 은주로 얼굴을 장식한 궁녀들이 내궁의 곳곳에 북적거렸다.

> 尋常婦女, 椎髻之外, 別無釵梳頭面之飾.
> 심상부녀 추계지외 별무차소두면지식
> 但臂中帶金鐲, 指中帶金指展,
> 단비중대금탁 지중대금지전
> 且陳家蘭及內中諸宮人皆用之.
> 차진가란급내중제궁인개용지
>
> 일반 부녀들은 머리를 튼 외에 별도로 비녀나 빗 같은 머리 장식이 없다. 단지 팔뚝에 금팔찌를 두르고 손가락에는 금반지를 끼는데, 진가란 및 궁 안의 궁인들도 모두 이것들을 사용한다.

주달관은 궁녀에 이어 일반 부녀의 외모를 기술하고 있다. 특별한 날이 아니고서는, 그리고 특별한 신분이 아니고서는 평소에 평민 여성이 머리 장식을 하고 다닐 리가 없다. 이는 당시 중국도 마찬가지였을 것이다. 단지 특이한 것은 당시 캄보디아에서는 평민 부녀조차 팔뚝(어깨와 팔꿈치 사이)에는 금팔찌를 두르고 손가락에는 금가락지를 꼈다는 사실이다. 캄보디아 여성이 금팔찌나 반지를 즐겨 사용하는 풍속은 지금도 마찬가지이다. 요즘은 가는 황금 팔찌를 몇 개씩 손

목에 두르는 것이 일반적이다. 약간 검은 피부빛 팔뚝과 황금빛 팔찌의 조화는 매우 신비롭다.

> 男女身上常塗香藥, 以檀麝等香合成.
> 남녀신상상도향약 이단사등향합성
>
> 남녀는 몸에 항상 향약을 바르는데 단향과 사향 등을 섞어 만든다.

남녀 모두 향약 또는 향유 등 향기나는 물질을 몸에 바르고 목욕을 자주해 몸을 청결히 유지하는 것은 동남아시아적 전통으로 이해된다.[41] 이 전통으로 인해 동남아시아에는 전염병이 드물었다.

> 家家皆修佛事.
> 가가개수불사
>
> 집마다 모두 불사를 닦는다.

집마다 모두 불사를 닦는다는 것은 집안에 제단을 꾸미고 부처를 모신다는 말이다. 이런 종교적 성향이 왜 '인물' 조에 끼어들었는지 의아스럽다. 아마도 주달관은 남녀의 외양 및 장식, 꾸밈새 등 사람들의

---

41 Anthony Reid, *Southeast Asia in the Age of Commerce 1450-1680* vol. one, (Yale University Press, 1988), pp. 50-52.

겉모습을 설명한 후 이들의 내적 면모 즉 종교적 성향까지 소개해야 한다고 여긴 것 같다.

> 國中多有二形人. 每日以十數成群, 行於壚場間,
> 국 중 다 유 이 형 인　　매 일 이 십 수 성 군　　행 어 허 장 간
> 常有招徠唐人之意, 反有厚饋, 可醜可惡.
> 상 유 초 래 당 인 지 의　　반 유 후 궤　　가 추 가 오
>
> 나라 안에는 이형인이 많다. 매일 10여 명씩 떼를 지어 장거리를 돌아다니며 늘 중국인을 유혹하려는 의도를 갖고 있는데, 돌아오는 후한 보상이 있기 때문이다. 매우 흉하고 혐오스럽다.

인물에 대한 소개에서 남녀뿐만 아니라 이형인이라는 제3의 성까지 소개하고 있다. 이는 대단히 현대적인 발상이라 아니할 수 없다. 이형인이란 양성을 갖는 존재 즉 트랜스젠더(trans-gender)를 지칭한다. 일반적으로 트랜스젠더는 남녀 모두에게 나타난다. 그러나 동남아시아에서 흔하게 보이는 것은 남성으로 태어났지만 여성으로서의 성적 정체성을 드러내는 사람들이다. 이들이 십수 명씩 무리를 지어 저자 거리를 배회하면서 중국인을 유혹하는 모습이 주달관의 눈에 띄었다. 동남아시아 전통 사회에서 트랜스젠더의 존재를 확인시켜 주는 매우 귀중한 기록이다. 캄보디아어로 이들을 '크떠이'라 부른다.

8. 산부(産婦)

番婦産後, 卽作熟飯, 拌之以鹽, 納于陰戶,
번 부 산 후　즉 작 숙 반　반 지 이 염　납 우 음 호
凡一晝夜而除之. 以此産中無病, 且收歛[42] 常如室女.
범 일 주 야 이 제 지　이 차 산 중 무 병　차 수 감　상 여 실 녀
余初聞而詫之, 甚疑其不然, 旣而所泊之家有女育子,
여 초 문 이 타 지　심 의 기 불 연　기 이 소 박 지 가 유 녀 육 자
備知其事. 且次日卽抱嬰兒, 同往河內澡洗, 尤所怪見.
비 지 기 사　차 차 일 즉 포 영 아　동 왕 하 내 조 세　우 소 괴 견

번부는 아기를 낳은 후 즉시 더운밥을 지어 소금에 비벼서 음호에 집어넣었다가 하루 낮밤이 지나서야 제거한다. 이로써 출산 중의 병이 없고 또 [질이] 보통 여자처럼 정상으로 수축된다. 나는 처음에 듣고는 이를 거짓이라 여기고 그럴 리가 없다고 매우 의심했다. [그러나] 머무는 집에 아이를 키우는 딸이 있어 그 일을 모두 알게 되었다. 또 다음 날이면 아기를 안고 함께 강물로 들어가 목욕하니, 더욱 괴이해 보이는 바이다.

이미 '번주'란 말이 사용되었지만 여기서 나오는 '번부'를 비롯해서 '번'이란 글자가 자주 사용된다. '번'이란 '이역의' 또는 '이역 땅의'란

---

[42] 내가 참고한 諸本에도 모두 '감(歛)'이라 되어 있으나 혹 '렴(斂)'을 잘못 쓴 것이 아닌가 한다. '주다'라는 뜻의 '歛'으로서는 해석할 길이 없다.

뜻을 갖고 있다. 그래서 번주나 번부는 '이역의 군주', '이역의 부녀'라는 의미를 갖고 있다. 그러나 중화적 의식을 갖고 있는 중국인에게 다름은 곧 '야만'을 의미한다. 더군다나 이 장에서는 여성의 '기이한' 행동을 그릴 참이 아니던가. 그렇다고 대놓고 '야만'이라 하기에는 좀 어색할 경우 이국적인 것이면서도 야만성을 띈 뉘앙스를 갖는 단어로 이 '번'이 선택된다. 번역하기가 매우 애매한 단어이다.[43]

여기에서는 여성의 출산 후 산후 조리에 대한 이야기가 나온다. 일견 괴이하게 보이기도 하지만 밥이나 소금이 갖는 정결성을 고려하면 충분히 생각할 수 있는 방법이다. 특히 쌀은 늘 여성과 함께 한다는 점에서도 그러하다. 동남아시아에서 쌀은 정령을 갖는 존재로 이해되며 파종부터 수확까지 일체의 과정을 여성이 관장한다. 쌀이 생명의 원천이며 정령이 깃들어 있다면 새로운 생명을 탄생시키느라 만신창이가 된 여성의 몸을 치유하고 나쁜 질병 또는 악귀를 제거하는 수단으로 밥이 이용되는 것은 자연스러워 보인다. 게다가 소금은 말 그대로 '하얀 금'이든지 '꽃'으로도 비유되지 않던가. 출산을 한 여성이 곧바로 목욕을 하고 안 하고는 동서 각 나라 및 인종에 따른 관습 및 체질의 차이를 반영할 뿐이다.

---

43 해리스도 이 부분이 고민스러웠음을 토로하며 '番'을 번역하는 단어로 'local'을 선택했다고 양해를 구하고 있다. Harris(2007), pp. 31-32. 뻴리오의 번역에서는 맥락에 따라 여러 가지 단어가 사용되고 있다.

> 又每見人言番婦多淫. 産後一兩日卽與夫合,
> 우 매 견 인 언 번 부 다 음   산 후 일 량 일 즉 여 부 합
> 若丈夫不中所欲, 卽有買臣見棄之事.
> 약 장 부 부 중 소 욕   즉 유 매 신 견 기 지 사
> 若丈夫適有遠役, 只可數夜. 過十數夜, 其婦必曰,
> 약 장 부 적 유 원 역   지 가 수 야   과 십 수 야   기 부 필 왈
> 我非是鬼, 如何孤眠, 淫蕩之心尤切, 然亦聞有守志者.
> 아 비 시 귀   여 하 고 면   음 탕 지 심 우 절   연 역 문 유 수 지 자
>
> 또한 만나는 사람마다 번부는 매우 음탕하다고 말한다. 아이를 낳은 지 하루 이틀이면 곧 남편과 잠자리를 하는데, 만약 바라는 바를 남편이 충족시켜 주지 못하면 즉각 매신이 버림받은 일이 생기게 된다. 만약 남편이 멀리 갈 일이 있으면 단지 몇 밤은 괜찮지만 십수 일이 넘어가면 그의 아내는 필시 "나는 귀신이 아니야. 어떻게 외롭게 혼자 자란 말이야?"라 말하니, 음탕한 마음이 더욱 절절하다. 그러나 지조를 지키는 사람도 있다고 들었다.

캄보디아 사회를 찬찬히 관찰하던 주달관은 종종 '들은 이야기'를 갖고 독자를 놀라게 한다. 독자의 관심을 끌기 위한 장치일 수도 있고 '야만 사회'에 대한 그의 편견일 수도 있다. 그의 글을 조심해서 읽지 않으면 당시의 캄보디아는 온갖 기괴한 일이 벌어지는 야만국으로 인식되기 쉽다. 그러나 주달관이 뛰어난 점은 본 것이 아니라 들은 이야기는 반드시 들은 바임을 적시해 놓는다는 것이다. 여기서도 캄보디아 여성의 음탕한 면모는 자신이 보고 경험한 것이 아니라 다른 사람의 이야기를 옮긴 것이라는 사실을 분명히 해놓고 있다.

매신은 중국 한대(漢代) 사람으로서 가난하여 아내에게 버림받은

바 있다. 이 매신의 고사까지 동원되어 성적 욕구에 집착하는 캄보디아 여성상이 만들어진다. 게다가 이들은 남편이 십수 일만 집을 비워도 독수공방을 노골적으로 불평한다고 하니 이 책에서 그리는 캄보디아 여성의 음탕성은 극에 달한다.

이 모든 이야기를 주달관에게 들려주던 '사람들'은 누구였을까? 주달관이 접촉하던 캄보디아의 중국인들이었다. 남성들끼리 모여 앉아 이런 얘기를 나누며 키득거리는 장면이 눈에 선하게 그려진다. 장년의 한창때인 주달관에게 은근히 오입을 권하는 자도 있었을 것이다.

> 婦女最易老. 蓋其婚嫁産育旣早,
> 부 녀 최 이 로   개 기 혼 가 산 육 기 조
> 二三十歲人已如中國四五十歲人矣.
> 이 삼 십 세 인 이 여 중 국 사 오 십 세 인 의
>
> 여성은 모두 쉽게 늙는다. 대개 그들의 결혼 및 출산이 이미 이르기 때문이니, 이삼십 세 먹은 사람이 벌써 중국의 사오십 세 먹은 사람 같다.

동남아시아에서 여성의 노화가 빠름은 현재도 마찬가지인 것 같다. 여성만이 아니라 남성도 그렇다. 무더운 날씨가 지속되는 기후 탓이다. 자외선에의 노출이 심하고 땀을 많이 흘리면 피부 노화가 빠를 수밖에 없다.

주달관은 결혼 및 출산 연령이 이르기 때문에 여성이 빨리 늙는다고 했다. 당시 중국에서도 여성이 십대 중반이면 혼인을 했을 터였다. 그러면 당시 캄보디아 여성들은 도대체 그보다 얼마나 더 일찍 결혼을 했길래 주달관이 여성들의 '조로'를 애석해 하는가. 다음의 '실녀(室女)' 조를 보자.

9. 실녀(室女)

> 人家養女, 其父母必祝之曰, 願汝有人要,
> 인가양녀 기부모필축지왈 원여유인요
> 將來嫁千百箇丈夫. 富室之女, 自七歲至九歲,
> 장래가천백개장부 부실지녀 자칠세지구세
> 至貧之家, 則至於十一歲, 必命僧道去其童身,
> 지빈지가 즉지어십일세 필명승도거기동신
> 名曰陣毯.
> 명왈진담
>
> 사람들이 딸을 키우면 그 부모가 반드시 그 [아이]를 축원하며 말하길 "바라건대 너는 남들에게 필요함을 갖추어 장래에 백 명, 천 명의 남편에게 시집가기를!"이라 한다. 부잣집 딸은 7세로부터 9세까지, 매우 가난한 집은 11세가 되어 반드시 승려 및 도사에게 부탁해 동정의 몸을 제거하니 진담이라 일컫는다.

진담 의식의 담당자는 불승이든가 시바교 사제이다. 이 의식을 처녀성 파괴 의식으로 이해하는 경우가 있다.[44] 일리가 있다. 동녀의 몸

---

[44] 和田久德은 '진담'이 캄보디아어로서 '未靑年男女'를 의미하는 'chomton'의 표기라는 高橋保의 의견을 소개하며 이는 승려에 의해 처녀성을 제거하는 성녀식(成女式)이라 설명하고 있다. 和田久德, p. 106. 뽈 뻴리오도 이와 유사한 맥락으로 ('déflore', 'deflowers') '去其童身'을 번역했다. Pelliot(1951), p. 18; Pelliot(1993), p. 18.

에서 어린 아이의 표시를 제거하고 온전한 여성으로 거듭나는 과정은 종교적 의식을 통해 신성시된다. 여성의 동정 파괴가 속세의 혼인이 아니라 종교 속에서 행해지는 것이다. 처녀 제거에 사제가 나서는 것은 종교적 몰두가 과도한 사회 또는 집단에서 종종 나타나는 현상이다.

그러나 불승이나 도사가 정말로 처녀막 제거를 하는 것인지는 아직 주달관의 기술에서 확인이 되지 않는다. 조심스러운 주달관은 '去其童身'이라 했으니 제거하는 대상인 '童身'이 처녀막이어야 할 필연성도 없다. '어린 아이의 몸을 버린다(abandon)' 정도로 번역해도 좋다. 어린 아이의 몸을 버리고 어른으로 태어나는데 반드시 처녀성을 파괴해야 할 필요는 없다.[45] 진담이 과연 무엇인지는 이 장을 자세히 다 읽고나서 판단하기로 하자.

---

[45] 레흐엉은 '처녀를 (또는 동정을) 파괴한다'는 의미의 '파떤(phá tân)'이란 표현을 사용했다. 하반면은 글자대로 하여 '동신을 제거했다(mất đồng thân)'라고 썼다. 단지 이 두 베트남어 번역본의 각주에서는 공히 Étienne Aymonier가 "Mémoires sur les coutumes du Cambodge"(Bulletin de l'École Française d'Extrême-Orient no. 2, 1902)에서 진담은 중국인의 상상과 과장의 산물이라 기술하고 있는 내용을 소개함으로써 믿을 만한 이야기가 아님을 암시하고 있다. Lê Hương, p. 52; Hà Văn Tấn, p. 34. 金榮華 역시 같은 자료를 인용하는 가운데 주달관이 '들은 얘기'를 하고 있는 데다가 본인 스스로도 "정확한 것은 알지 못한다(莫知其的)"고 한 고백에 주의할 것을 요구한다. 金榮華, pp. 53-54. 캄보디아 번역본에서는 주달관이 본 것과 들은 것을 구분해서 받아들일 것을 독자에게 권하고 있다. Ly Theam Teng, p. 76.

蓋官司每歲於中國四月內, 擇一日頒行本國,
개 관 사 매 세 어 중 국 사 월 내   택 일 일 반 행 본 국

應有養女當陣毯之家, 先行申報官司.
응 유 양 녀 당 진 담 지 가   선 행 신 보 관 사

官司先給巨燭一條, 燭間刻畫一處, 約是夜遇昏點燭,
관 사 선 급 거 촉 일 조   촉 간 각 획 일 처   약 시 야 우 혼 점 촉

至刻畫處, 則爲陣毯時候矣.
지 각 획 처   즉 위 진 담 시 후 의

대개 관아에서 매년 중국의 4월[에 해당하는 달] 중 하루를 택하여 [그 날짜를] 온 나라에 반포하면, 딸이 있어 진담을 치러야 하는 집에서는 먼저 관아에 보고한다. 관아에서 큰 초 한 개를 미리 주면 초 위에 한 곳을 새겨 표시하고 약정하기를 그 날 밤 해가 질 무렵 초에 불을 붙여서 새겨 그려둔 곳에 [촛불이] 이를 때를 진담을 치르는 시간으로 삼는다.

진담 의식은 종교적 의식일 뿐만 아니라 국가가 개입하는 국사이기도 했다. 종교와 국가 권력이 여성성의 재탄생에 함께 관여하고 있다.

> 先期一月或半月或十日, 父母必擇一僧或一道.
> 선 기 일 월 혹 반 월 혹 십 일   부 모 필 택 일 승 혹 일 도
> 隨其何處, 寺觀往往亦自有主顧. 向上好僧,
> 수 기 하 처   사 관 왕 왕 역 자 유 주 고   향 상 호 승
> 皆爲官戶富室所先, 貧者亦不暇擇也.
> 개 위 관 호 부 실 소 선   빈 자 역 불 가 택 야
>
> 미리 한 달, 반 달, 혹은 열흘 전에 약속하고 부모는 반드시 승려나 도사 한 명을 택한다. 지역에 따라서는 사관이 스스로 주관하기도 한다. 고급 승려는 모두 관리나 부호에 의해 선점되니 가난한 사람은 역시 선택할 겨를이 없다.

기한을 두고 부모는 승려나 도사 초빙을 약정한다. 그러나 승려나 도사가 먼저 진담 의식 대상을 정하기도 한다. 여유가 있는 부모는 자기 마음에 드는 승려나 도사를 선택할 것이고 선택의 여지가 없는 부모는 승려나 도사가 정하는 대로 따를 수밖에 없었다. 중요한 것은, 승려나 도사를 선택할 수 있느냐 없느냐가 아니라 누구나 나이가 차면 예외없이 이 의식을 치러야 한다는 사실이다. 진담 의식은 사회적 책무로도 인식되었던 것 같다.

> 官富之家, 饋以酒米布帛檳榔銀器之類,
> 관 부 지 가 궤 이 주 미 포 백 빈 랑 은 기 지 류
> 至有一百擔者, 直中國白金二三百兩之物.
> 지 유 일 백 담 자 치 중 국 백 금 이 삼 백 량 지 물
> 少者或三四十擔, 或一二十擔, 隨其家之豊儉.
> 소 자 혹 삼 사 십 담 혹 일 이 십 담 수 기 가 지 풍 검
> 所以貧人家至于十一歲始行事者, 爲難辦此物耳.
> 소 이 빈 인 가 지 우 십 일 세 시 행 사 자 위 난 판 차 물 이
> 亦有捨錢與貧女陣毯者, 謂之做好事.
> 역 유 사 전 여 빈 녀 진 담 자 위 지 주 호 사
>
> 관리나 부잣집에서는 술, 쌀, 포백, 빈랑, 은기 등으로 대접하는데 백 짐에 이르기도 하니, 중국의 백금 이삼백 량에 해당하는 물건이다. 적은 경우에는 삼사십 짐, 혹은 일이십 짐이니, 그 집의 형편에 따른다. 가난한 집안에서 11세나 되어서야 일을 치르는 이유는 이런 물건을 마련하기 힘들어서일 뿐이다. 가난한 집 딸에게 진담 하라고 돈을 내어 주는 사람에게는 좋은 일을 했다고 말한다.

　　진담 의식에 비용이 많이 들어간다. 여아를 여성으로 만드는 의식에 매우 큰 의미를 부여했는가 보다. 남아는 이즈음 머리를 깎고 절에 들어간다고 했다. 대신 여아는 여성이 된다. 남아는 신에게 가고 여아에게는 신이 온다고 해석해도 좋을 것이다. 부모는 딸아이를 여성으로 만들기 위해 막대한 물자를 신에게 바치고 성대한 잔치를 준비한다. 가난한 여아를 위해서는 주변 사람들이 돈을 희사하는 경우도 있다. 일종의 보시이며 사회적 선행이다.

> 蓋一歲中一僧止可御一女. 僧旣允受, 更不他許.
> 개 일 세 중 일 승 지 가 어 일 녀   승 기 윤 수   경 불 타 허
>
> 대체로 일 년 중에 한 승려는 한 여아만 거느릴 수 있다. 이미 받아들일 것을 허락했으면 승려는 다른 이를 더 이상 허용하지 않는다.

진담 의식에 임하는 승려는 일 년에 한 명만 담당한다 했다. 진담 의식에 임하는 데서의 진지함을 엿볼 수 있는 대목이다.

> 是夜, 其家大設飮食鼓樂會親鄰. 門外縛一高棚,
> 시 야   기 가 대 설 음 식 고 락 회 친 린   문 외 박 일 고 붕
> 裝塑泥人泥獸之屬于其上, 或十餘或止三四枚,
> 장 소 이 인 이 수 지 속 우 기 상   혹 십 여 혹 지 삼 사 매
> 貧家則無之, 各按故事, 凡七日而始撤.[46]
> 빈 가 즉 무 지   각 안 고 사   범 칠 일 이 시 살
>
> 이날 밤 그 집에서는 음식을 많이 차리고 악기를 연주하며 친척과 이웃을 모은다. 문밖에는 높은 목책을 세우고, 흙으로 만든 사람과 동물류를 그 위에 조각해 장식했다. 혹 십여 개이기도 하고 혹 서너 개뿐이기도 하다. 가난한 집에는 이것이 없다. 모두가 옛이야기에 따른 것이다. 대략 이레가 되면 치우기 시작한다.

집 안에는 사람들이 모이고 집 밖에는 인물 및 동물상을 만들어 배치하였다. 신화나 옛이야기에 나오는 인물이요, 동물이다. 집 밖에 두었다면 악귀를 물리치는 기능을 하였을 것이다. 이 조형물들은 진담 행사일부터 약 일주일 동안이나 자신의 임무를 수행한다. 행사의 주인공인 여아를 보호하고자 함이다.

---

[46] '고금설해본', '사고전서본'에는 '撤'이라 되어 있다. 夏鼐의 책에서도 마찬가지이다. 그러나 '撤'로서도 의미가 크게 달라지지 않기에 그대로 두었다. 치워 없애는 게 아니라 흩뜨리고 부수어 땅바닥에 버렸을 것인데, 그렇다면 '撤'보다 '撒'이 정황을 더 잘 묘사하는 단어이다.

> 旣昏, 以轎傘鼓樂迎此僧而歸. 以綵帛結二亭子,
> 기혼 이교산고락영차승이귀 이채백결이정자
> 一則坐女于其中, 一則僧坐其中, 不曉其口說何語.
> 일즉좌녀우기중 일즉승좌기중 불효기구설하어
> 鼓樂之聲喧闐, 是夜不禁犯夜.
> 고락지성훤전 시야불금범야
>
> 저녁이 되면 주악을 울리며 가마와 일산으로 승려를 맞아 데려온다. 화려한 천으로 두 개의 정자를 엮고서, 하나에는 안에 여아를 앉히고 또 하나에는 승려가 그 안에 앉는다. [승려의] 그 입이 어느 [나라] 말로 얘기하는지 이해할 수 없다. 주악 소리가 시끄러운데 이날 밤에는 밤을 새도 금하지 않는다.

바야흐로 진담 의식이 시작되었다. 화려하게 꾸민 가마가 준비되고 요란한 음악 소리가 함께 한다. 가마를 멘 무리가 사원으로 가서 승려를 모셔오고 집 안에는 두 개의 간이 막사가 섰다. 남녀가 분리되어 있는 상태에서 불승은 한동안 무슨 염을 하는가 보다. 분위기를 돋우는 온갖 악기 연주 소리가 밤새도록 집 안팎을 흔든다. 동네가 시끄럽고 온 도성이 요란하다. 그러나 아무도 시끄러움을 탓하지 아니한다. 모두에게 흥겨운 날이다.

> 聞至期與女俱入房, 親以手去其童, 納之酒中.
> 문 지 기 여 녀 구 입 방 친 이 수 거 기 동 납 지 주 중
> 或謂父母親鄰各點於額上, 或謂俱嘗以口,
> 혹 위 부 모 친 린 각 점 어 액 상 혹 위 구 상 이 구
> 或謂僧與女交媾之事, 或謂無此, 但不容唐人見之,
> 혹 위 승 여 녀 교 구 지 사 혹 위 무 차 단 불 용 당 인 견 지
> 所以莫知其的.
> 소 이 막 지 기 적
>
> 듣건대 때가 되어 [승려는] 여아와 함께 방으로 들어가 손으로 직접 동정을 제거하고 그것을 술 안에 넣는다고 한다. 혹은 부모와 친척 및 이웃들이 이마에 바른다고도 하며, 다 함께 입으로 맛을 본다고도 한다. 혹은 승려와 여아가 성교한다고 하기도 하며 혹은 그런 일이 없다고 하기도 한다. 그러나 중국인이 그것을 보는 것은 허락하지 않아 확실한 것은 알 수 없다.

주달관이 본 것은 두 개의 장막 안에서 여아와 승려가 따로 앉아 있는 모습까지였다. 이후부터의 사정은 '들은 것'임을 명확히 하고 있다. 따라서 이 부분에 나오는 내용은 그 어느 것도 믿을 바가 못된다. 주달관에게 이야기를 들려주는 중국인 동료들의 오류, 편견, 과장 등이 가득 배어 있는 기술들이다. 본 것과 들은 것을 구분해 기록하는 주달관의 엄격한 태도가 돋보인다.

그러나 이렇듯 들은 바의 기괴한 일을 장황하게 늘어놓는 이유는 무엇일까? 수많은 오해가 나올 것을 예상할 터인데도 말이다. 주달관에게는 분명한 배경과 의도가 있다. 배경은 화이적 편견이요, 의도하는 바는 왜곡된 사실의 전파이다. 책임은 잘못 읽은 독자에게 전가된다. 교활한 '엄격함'은 종종 무식한 왜곡보다 더 잔인할 때가 있다.

> 至天將明時, 則又以轎傘鼓樂送僧去.
> 지천장명시 즉우이교산고락송승거
> 後當以布帛之類與僧贖身, 否則此女終爲此僧所有,
> 후당이포백지류여승속신 부즉차녀종위차승소유
> 不可得而他適也.
> 불가득이타적야
>
> 날이 밝을 무렵에 이르면 다시 가마와 일산에 음악을 울리며 승려를 [돌려] 보낸다. 그리고는 포백 등을 승려에게 주어 [여아를] 속신해야 한다. 그렇지 않으면 이 여아는 영영 승려의 소유가 되어 다른 곳으로 시집갈 수 없다.

 주달관이 만약 밤새도록 이 집 또는 근처에 머물렀다면 동이 틀 무렵 승려가 돌아가는 모습을 보았을 것이다. 승려에게 사례로 포백을 주는 것은 있을 수 있는 일이나 그것이 여아의 속신을 위한 것인지, 또 그렇게 하지 않으면 다른 곳에 시집갈 수 없는지 등은 역시 전해들은 이야기일 것이다. 헌데 여기서는 들은 바와 본 것이 교묘히 섞이면서 오해를 불러 일으킨다.

> 余所見者, 大德丁酉之四月初六夜也.
> 여 소 견 자   대 덕 정 유 지 사 월 초 육 야 야
>
> 내가 본 것은 대덕 정유 4월 6일 밤의 일이다.

 1297년 음력 4월 6일 밤, 중국으로 돌아갈 날이 머지않은 시점에서 주달관이 이 신기한 행사를 관찰하기 위해 밤새 서성거렸을 광경이 눈에 잡히는 듯하다. 분명히 본 것이라고 날짜까지 명확히 적어 넣었으니 이 '실녀' 조에서 주달관이 '보았던' 바는 믿기로 하자. 예를 들어 두 개의 장막을 세우고 여아와 승려가 각각 들어가 앉고 승려는 무어라 경문 비슷한 것을 외우고 있던 장면 같은 것은 지금으로부터 716년 전 캄보디아의 수도, 현 시엠립 어떤 마을에서 분명히 벌어지던 광경이었다.

前此父母必與女同寢, 此後則斥於房外, 任其所之,
전 차 부 모 필 여 녀 동 침 차 후 즉 척 어 방 외 임 기 소 지
無復拘束隄防之矣. 至若嫁娶, 則雖有納幣之禮,
무 부 구 속 제 방 지 의 지 약 가 취 즉 수 유 납 폐 지 례
不過苟簡從事. 多有先姦而後娶者,
불 과 구 간 종 사 다 유 선 간 이 후 취 자
其風俗旣不以爲恥, 亦不以爲怪也.
기 풍 속 기 불 이 위 치 역 불 이 위 괴 야

그 [진담 의식] 전에 부모는 반드시 여아와 함께 잤으나, 그 후에는 집 밖으로 내쳐서 가는 바에 맡겨 다시는 그녀를 구속하고 막음이 없다. 혼인을 하는데 이를 것 같으면 비록 납폐의 예는 있다고 해도 대강 치를 뿐이다. 먼저 성관계를 가진 후 혼인을 하는 경우가 많은데, 그 풍속은 [이를] 부끄럽게 여기지도 않을 뿐더러 괴이하게 여기지도 아니한다.

부모는 진담 의례를 치룬 후에 아이를 바깥에 내쳐 더 이상 구속하고 막음이 없다는 뜻을 밝힌다. 여아는 결혼을 준비한다. 이미 진담을 극진히 치룬 후라 혼인 절차는 매우 간소했다.

> 陣毯之夜, 一巷中或至十餘家. 城中迎僧道者,
> 진담지야 일항중혹지십여가 성중영승도자
> 交錯於途路間, 鼓樂之聲, 無處無之.
> 교착어도로간 고락지성 무처무지
>
> 진담이 있는 밤에는 한 마을에 [진담 행사를 하는 집이] 혹 십여 가에 이르기도 한다. 성중에는 승려와 도사를 맞이하는 자들이 길 사이사이에 뒤섞여 혼잡하고, 요란한 주악소리는 없는 곳이 없다.

진담 의식을 치르는 집이 한 마을에 십여 가에 이른다거나 승려, 도사를 맞이하는 행렬이 길 도처에 북적이고 악기 연주 소리가 도성 내에 가득하다는 내용은 진담이 있는 밤의 요란함을 전해 주기에 족하다. 그러나 이 부분은 진담 행사를 설명할 때 들어갔었으면 좋았을 것 같다. 진담에 대한 강렬한 기억이 주달관으로 하여금 한 번 더 붓을 끄적이게 했는가 보다.

지금까지 읽은 내용을 종합해 본다면 진담은 여아의 성인식으로 이해해야 하지 않을까 싶다. 처녀막 제거와 관련된 내용은 다 '들은' 내용이니 그 부분을 거두어 내고 보면 종교적 의식에 기대는 성인식일 뿐이다. 성대한 잔치, 물(성수), 술 등은 성인식에 동원되는 흔한 요소들이다. 혹 '피'는 여아가 첫 월경을 시작한 것과 관련 있다. 생산이 가능한 여인이 되었음을 축하해 주고 성인임을 인정해 주는 의식이었던 것이다.

나는 앞서 진담이 '未靑年男女'를 뜻하는 'chomton'에서 온 단어라는 의견이 있음을 (和田久德, p. 106) 소개한 바 있다. 우리는 이 지적을 주목할 필요가 있다. 정확히 말하자면 'chomton'이란 현재 발음으로 '쩜뚱' 또는 '쭘뚱'인데 내가 참고한 *Nokorthom Khmer-English Dictionary* (Phnom Penh, 2009)에 따르면 이 단어는 '사춘기에 이르기' 또는 '사춘기 남녀'를 의미한다고 한다. 진담을 처녀막 제거 의식으로 이해한다면 진담=chomton이란 등식이 맞지 않는다. 그러나 진담을 여성되기 의식으로 이해한다면 위의 등식은 맞을 수 있다. 즉 진담이란 '쭘뚱 의식' 또는 '쭘뚱 되기 의식'을 그냥 '쭘뚱'으로 이해하고 진담으로 표기한 것이라고 나는 생각한다.

옴본 선생의 설명에 따르면 현재까지도 캄보디아에서는 첫 생리를 치른 여아를 보호하고 축하하는 행사가 매우 성대하다고 한다. 몸에 변화가 생긴 여아는 수일간 집안의 정결한 공간에 격리되어 보호받으며 부모는 이웃과 친지를 불러 잔치를 베푼다. 집안에 따라서는 이 행사가 결혼식보다 더 큰 경우가 있다고 한다.

여아로부터 여성으로 넘어가는 단계를 주목하고 큰 의미를 부여하는 이 진담 의식은 기괴스럽기는 커녕 오히려 참으로 귀한 성의식의 발로라고 평가하지 아니할 수 없다.

10. 노비(奴婢)

> 人家奴婢, 皆買野人以充其役. 多者百餘,
> 인 가 노 비　개 매 야 인 이 충 기 역　다 자 백 여
> 少者亦有一二十枚, 除至貧之家則無之.
> 소 자 역 유 일 이 십 매　제 지 빈 지 가 즉 무 지
>
> 인가의 노비는 모두 야인을 구입해 일에 충당한다. 많게는 100여 매, 적게라도 10~20매가 있으며, 매우 가난한 집만은 그것이 없다.

    다양한 민족이 분포하는 동남아시아에서는 각국별로 주 민족이 있고 그 주변에 수많은 소수 민족이 공존한다. 통상 이 소수 민족들은 주 민족에 의해 '야만인'으로 규정되었다. 이 '야만인'들은 다양한 루트를 통해 평지로 끌려와 노예가 되었다. 당시 캄보디아 수도에서는 매우 가난한 집만 제외하고 어느 집에나 노예가 있었던가 보다. 노예는 사람 취급을 하지 않았기 때문에 주달관은 이들의 숫자를 셀 때 물건의 단위인 '매(枚)'를 사용하고 있다.

> 蓋野人者, 山野中之人也. 自有種類, 俗呼爲撞賊.
> 개 야 인 자 산 야 중 지 인 야 자 유 종 류 속 호 위 당 적
> 到城中亦不敢出入人之家. 城間人相罵者,
> 도 성 중 역 불 감 출 입 인 지 가 성 간 인 상 매 자
> 一呼之爲撞, 則恨入骨髓, 其見輕於人如此.
> 일 호 지 위 당   즉 한 입 골 수   기 견 경 어 인 여 차
>
> 대개 야인이란 것은 산야에 사는 사람들이다. 각기 종류가 있지만 세상에서는 당 도적놈이라 부른다. 성 중에 와서도 감히 사람들 집에 출입할 수 없다. 성 안에서 서로 욕하는 사람이 당이라고 한 번 부르면 원망이 뼛속까지 미치니 [야인이] 사람들에 의해 무시됨이 이와 같다.

캄보디아의 산야에는 다양한 종족이 살고 있었다. 이들을 하나로 지칭하는 말이 '당'이었으며 남을 비하하는 욕으로까지 사용되었다. 예를 들어 우리나라에서 북방 제 민족을 싸잡아 '호로'라 부르고 이를 바탕으로 '호로자식'이라든지 '호로상놈' 등의 욕설을 만들어낸 것과 같은 이치일 것이다. 베트남에서는 이런 사람들을 일러 '모이(moi)'라 하는데 '야만인'이란 뜻이다. 무식하고 상스러우며 바보스럽기도 한, 인간과 동물의 중간 단계 정도의 이미지를 떠올리게 하는 단어이다.

和田久德은 '당(撞)'을 톤레삽호 서남부 산지에 거주하는 Choung족을 가리키는 단어로 간주하고 있다. 이 견해는 뽈 뻴리오로부터 기원한 것이며 캄보디아 번역본이나 레흐엉, 金榮華도 마찬가지 입장이다. 다른 번역자들은 의견을 내놓지 않고 있다.

나는 和田久德 등과 생각을 달리한다. 어느 나라에서도 특정의 소수 민족 하나만을 노예로 삼는 법은 없다. 이 노예들을 '구입'한다고

했으니 노예상이 있었다는 얘기이다. 노예를 공급하는 노예 사냥꾼도 당연히 있었을 것인 바 이들이 모두 한 개 종족만을 갖고 사업을 했을 리가 없다. 노예상의 활동 범위는 매우 넓으며 노예 사냥꾼은 종족적으로나 지역적으로 다양하게 분포되어 있다. 평지인이 산지인을 사냥하기도 하지만 산지인이 평지인을 사냥하는 경우도 있다. '당'이란 단어가 어떤 크메르어에서 온 것인지는 더 연구가 필요하다고 생각하며 여기에서는 그냥 주달관의 설명대로 '산야에 살며 스스로 같고 다름의 구분이 있는 사람들'로 이해하는 게 좋겠다. '종류의 구별이 있는' 다양한 민족들을 굳이 하나의 종족으로 한정시켜 이해할 필요는 없다고 본다.

少壯者一枚價直百布, 老弱者止三四十布可得.
소장자일매가치백포   노약자지삼사십포가득
祇許于樓下坐臥, 若執役, 方許登樓,
지허우누하좌와   약집역   방허등루
亦必跪膝合掌頂禮而後敢進. 呼主人爲巴駞,
역필궤슬합장정례이후감진   호주인위파타
主母爲米. 巴駞者父也, 米者母也. 若有過撻之,
주모위미   파타자부야   미자모야   약유과달지
則俯首受杖, 略不敢動.
즉부수수장   약불감동

젊고 건강한 자는 하나에 일백 포 가격이고 노약자는 삼사십 포면 얻을 수 있다. 단지 누하에만 앉고 눕게 허락한다. 만일 일을 해야 하면 그제서야 누상에 오르는 것을 허락하지만 반드시 무릎을 꿇고 합장하며 이마를 바닥에 대는 예를 취한 후에야 감히 오를 수 있다. 주인을 파타라 부르고 여주인을 미라 부른다.[47] 파타란 아버지이고 미는 어머니이다. 만약 잘못이 있어 매를 때리면, 머리를 숙이고 매를 맞을 뿐 감히 움직이는 법이 없다.

노예의 가련한 모습이 그려진다. 이들이 사는 곳은 누하, 즉 주상가옥의 맨 아래쪽이다. 이곳은 원래 짐승의 공간이다. 그곳이 노예의 거처이다. 일이 있어 주인이 부를 때만 노예는 인간이 사는 공간인 누상에 오르지만 그 절차가 매우 엄격하다. 잘못했을 때 꼼짝 않고 매를

---

47 각각 bei-da와 mi에서 온 것임. 和田久德, pp. 107-108. 현재 '베이다'는 왕실에서 '아버지'를 지칭한다. 엄마는 '므다이' 또는 '마애'이다. 아버지는 '바' 또는 '어으빡'이다. 부모를 함께 지칭할 때는 '메바'라고 한다. 짐승의 어미는 '메'라고 부른다.

맞는 모습은 온순한 개를 연상케 하여 마음이 아리다. 호칭만 보아서는 주인과 노예의 관계가 부모 자식이건만 위상의 차이는 인간과 짐승이다.

> 其牝牡自相配偶. 主人終無與之交接之理,
> 기빈모자상배우 주인종무여지교접지리
> 或唐人到彼久曠者不擇. 一與之接, 主人聞之,
> 혹당인도피구광자불택 일여지접 주인문지
> 次日不肯與同坐, 以其曾與野人接故也.
> 차일불긍여동좌 이기증여야인접고야
> 或與外人交, 至於有妊養子, 主人亦不詰問其所從來,
> 혹여외인교 지어유임양자 주인역불힐문기소종래
> 蓋以其所不齒, 且利其得子, 仍可爲異日奴婢也.
> 개이기소불치 차리기득자 잉가위이일노비야
>
> 그 암수는 스스로 서로 짝을 짓는다. 주인은 절대 그들과 교접하는 법이 없는데, 혹 중국인으로서 이곳에 와 산 지가 매우 오래된 자는 가리지 아니한다. 잠자리를 같이 하기만 하면 주인이 그것을 듣고는 다음날 [그 중국인과] 함께 앉으려 하지 않으니, 그가 야인과 교접했기 때문이다. 때로는 [여자 노예가] 바깥 사람과 교접하여 임신해 애를 기르더라도 주인은 그 내역을 따져 묻지 않으니, 그 [관계가] 일정한 바가 없기 때문인 데다가 아이를 얻으면 훗날 노예로 삼을 수 있는 이익이 있기 때문이다.

노예의 성생활을 소개하고 있다. 노예 남녀를 일컬어 '암수'라 했으니 지독하다. 이는 주달관의 편견이라기보다는 당시 캄보디아인의 노예에 대한 태도를 반영하는 표현이라고 이해해야 한다. 인간이 짐승과 어떻게 교접할 수 있겠는가? 그래서 캄보디아인은 노예와 잠자리를 함께 하는 것을 금기시했다. 그러나 캄보디아에 와서 산 지 오래되는 중국인은 종종 노예를 범했고 중국인의 이런 행동에 대해 캄보디아인은 노골적으로 혐오감을 드러냈다.

암수 노예는 끼리끼리 짝을 짓지만 어떤 경로를 통해서인지 주인도 모르게 외부인과 (혹은 외부의 노예와) 관계를 가져 임신하는 경우도 있었던가 보다. 난교를 했다면 아이 아버지를 찾을 방도가 없다. 그러나 굳이 찾을 필요가 없다. 주인으로서는 그 뱃속에서 나온 아이를 노예로 삼으면 되니 말이다.

> 或有逃者, 擒而復得, 必於面刺以靑,
> 혹유도자 금이부득   필어면자이청
> 或於項下帶鐵鎖而錮之, 亦有帶于雙腿間者.
> 혹어항하대철쇄이고지 역유대우쌍퇴간자
>
> 혹 도망하는 자가 있어 다시 붙잡으면 반드시 얼굴에 푸른 먹을 새기고, 목 아래 쇠 차꼬를 달아매어 가두기도 하며 [쇠 차꼬를] 양다리 사이에 채우기도 한다.

    노예들은 늘 자신이 살던 산야를 그리워한다. 국가 간의 전쟁이나 약탈 등을 통해서 얻어진 노예라면 고향으로부터 이미 멀리 떨어진 데다가 돌아갈 곳도 없는 형편이니 망향의 염은 절실하되 귀향의 꿈은 헛되다. 그러나 자기네들이 사는 곳에서 뻔히 보일 듯한 고원 지대는 이 야인 노예들에게 고향에의 그리움을 자극하기 십상이었다. 끌려온 거리 및 시간은 대충 기억하고 있었을 것이다. 도주는 끊임없는 유혹이었다. 그래서 처벌도 엄격했다.

11. 어언(語言)

> 國中語言自成. 音聲雖近, 而占城暹人皆不通話說.
> 국 중 어 언 자 성   음 성 수 근   이 점 성 섬 인 개 불 통 화 설
>
> 나라 안의 언어는 독자적이다. 소리는 비록 가깝지만 참파나 샴인과는 모두 말이 통하지 않는다.

캄보디아, 참파, 타이인은 나란히 이웃한 민족들이지만 근본을 살펴볼 때 어족상으로 크게 차이가 난다. 캄보디아인은 몬-크메르어 계통으로 티벳 쪽으로부터 내려온 민족이며, 참파는 남방인 말레이 어족에 속한다. 타이족은 현재의 중국 서남부에서 발원하였다.

> 如以一爲梅, 二爲別, 三爲卑, 四爲般, 五爲孛藍,
> 여 이 일 위 매　이 위 별　삼 위 비　사 위 반　오 위 발 람
> 六爲孛藍梅, 七爲孛藍別, 八爲孛藍卑, 九爲孛藍般,
> 육 위 발 람 매　칠 위 발 람 별　팔 위 발 람 비　구 위 발 람 반
> 十爲答.
> 십 위 답
>
> 예컨대, 하나는 매라 하고, 둘은 별, 셋은 비, 넷은 반, 다섯은 발람, 여섯은 발람매, 일곱은 발람별, 여덟은 발람비, 아홉은 발람반, 열은 답이다.

13세기나 지금이나 숫자를 세는 단어는 비슷하다. 현재 캄보디아어로 하나부터 열까지는 각각 '무오이', '뻬', '버이', '부온', '쁘람', '쁘람 무오이', '쁘람 뻬', '쁘람 버이', '쁘람 부온', '덥'이다. 주달관이 다음에 계속 소개하는 각종 어휘들은 현재까지 남아 있는 것도 있고 사라진 말들도 있다. 일일이 대조 및 설명은 하지 않겠지만 주달관의 기록은 캄보디아 언어 연구에도 매우 귀중한 자료임에 틀림없다.

> 呼父爲巴馳, 叔伯亦呼爲巴馳. 呼母爲米, 姑姨孎姆,
> 호부위파타 숙백여호위파타 호모위미 고이심모
> 以至鄰人之尊年者, 亦呼爲米. 呼兄爲邦, 姊亦呼爲邦,
> 이지린인지존년자 역호위미 호형위방 자역호위방
> 呼弟爲補溫, 妹亦呼爲補溫. 呼舅爲吃賴,
> 호제위보온 매역호위보온 호구위흘뢰
> 姑夫姊夫姨夫妹夫亦呼爲吃賴.
> 고부자부이부매부역호위흘뢰
>
> 아버지는 파타라 부르고 숙부, 백부 역시 파타라 부른다. 엄마를 미라 부르고 고모, 이모, 유모 및 이웃의 나이 많은 사람들도 미라고 부른다. 형은 방이라 부르는데 누나도 방이라 부른다. 동생을 보온이라 부르고 누이 동생 역시 보온이라 부른다. 장인을 흘뢰라 부르고 고모부, 자부, 이모부, 매부 역시 흘뢰라고 부른다.[48]

가족 호칭이 세분되어 있지 않음을 주달관은 전하고 있다. 아버지 항렬은 모두 '파타'라 부르며 어머니 항렬은 '미'다. 손위 형제는 남녀를 막론하고 '방'이며 동생은 남녀 공히 '보온'이다. 장인, 고모부, 이모부, 자부, 매부 등이 '흘뢰'라고 통칭되는데 이들은 모두 외부에서 들어온 남성이란 공통점이 있다.

---

48 파타, 미, 방, 보온, 흘뢰는 각각 bei-da, mi, bang, p-on, khlai. 和田久德, pp. 107-109. 현재 숙부는 '뿌', 백부는 '옴', 형 및 오빠는 '버옹 쁘로', 누나 및 언니는 '버옹 쓰라이', 남동생은 '뻐오운 쁘로', 여동생은 '뻐오운 쓰라이'이다. '클라으'는 친구를 뜻한다. 캄보디아어 번역본에서는 '흘뢰'를 '쁘틀라이'라 추정하고 있다. Ly Theam Teng, p. 36.

> 大抵多以下字在上. 如言此人乃張三之弟,
> 대 저 다 이 하 자 재 상   여 언 차 인 내 장 삼 지 제
> 則曰補溫張三, 彼人乃李四之舅, 則曰吃賴李四.
> 즉 왈 보 온 장 삼   피 인 내 이 사 지 구   즉 왈 흘 뢰 이 사
> 又如呼中國爲備世, 呼官人爲巴丁, 呼秀才爲班詰,
> 우 여 호 중 국 위 비 세   호 관 인 위 파 정   호 수 재 위 반 힐
> 乃呼中國之官人不曰備世巴丁, 而曰巴丁備世,
> 내 호 중 국 지 관 인 불 왈 비 세 파 정   이 왈 파 정 비 세
> 呼中國之秀才不曰備世班詰, 而曰班詰備世.
> 호 중 국 지 수 재 불 왈 비 세 반 힐   이 왈 반 힐 비 세
> 大抵如此, 此其大略耳.
> 대 저 여 차   차 기 대 략 이
>
> 대저 많은 경우 아랫글자를 위에 놓는다. 예를 들어 이 사람이 장삼의 동생이라면 보온 장삼이라 말하고, 저 사람은 이사의 장인이라면 흘뢰 이사라고 말한다. 또한 중국을 비세, 관인을 파정, 수재를 반힐이라 하는데, 중국의 관인을 호칭할 때는 비세 파정이라 하지 않고 파정 비세라 하며, 중국의 수재를 호칭할 때는 비세 반힐이라 하지 않고 반힐 비세라고 한다. 대저 이와 같으니 그 대략일 뿐이다.

동남아시아 말은 꾸미는 말이 뒤로 가는 경우가 많다. 중국어는 우리나라 말이나 영어와 마찬가지로 형용사(어), 부사(어)가 명사 및 동사 앞으로 배치되기 때문에 크메르어의 다름을 언급하고 있는 것이다.

중국을 '비세'라고 했다는데 이 단어와 중국이 왜 상관성을 갖는지 짐작이 되지 않는다. '나라'를 뜻하는 산스크리트어인 '비자야(vijaya)'

에서 온 것이 아닐까하는 추측도 있지만[49] 설득력이 없다. 당시 캄보디아에는 중국인 이주민이 많았고 이들의 내원(來源) 즉 중국의 존재에 대해서 알고 있었던 터인데 중국을 지칭하는 단어로 '나라'라고 하는 일반명사를 캄보디아 사람들이 사용할 리가 있겠는가?

'비세' 즉 현재 중국어 발음 '뻬이셰(bei she)'는 '비자야'와 가깝게 들리지 않지만 혹 옛 발음이나 남부 중국 발음, 또는 남부 중국의 옛 발음을 동원해 궁구하여 본다면 '비자야'와의 연관성을 찾을 수도 있겠다. 하지만 그렇게 된다 하더라도 그 다음엔 또 왜 중국을 지칭해 '비자야'라고 했는지를 설명해야 한다. 주달관이 우리에게 남긴 까다로운 숙제다.

---

49 金榮華, p. 60; 夏鼐, pp. 115-116.

至若官府則有官府之議論, 秀才則有秀才之文談,
지 약 관 부 즉 유 관 부 지 의 론   수 재 즉 유 수 재 지 문 담
僧道自有僧道之語說, 城市村落, 言語各自不同,
승 도 자 유 승 도 지 어 설   성 시 촌 락   언 어 각 자 부 동
亦如中國無異也.
역 여 중 국 무 이 야

관부의 경우에는 관부의 의론이 있으며 수재는 수재의 문담이 있고, 승도는 승도의 어설이 따로 있다. 도시와 촌락 언어는 서로 같지 아니하니 [사정이] 중국과 다르지 아니하다.

관리나 지식인 집단, 그리고 종교 집단이 사용하는 말이 각각 다르다는 것이다. 자기들끼리 통하는 어휘, 언어 습관, 구술 방식이 있었다는 이야기인데 이런 차이는 전통시대 어느 나라에서고 나타나던 현상이었다. 도시와 촌락 간의 언어 및 대화 방식도 매우 다름은 당연하다. 자세히 들여다 보면 이런 차이는 동서양을 막론하고 현재까지도 이어진다. 도시의 대화법과 시골의 대화법은 많이 다르다.

12. 야인(野人)

> 野人有二種.
> 야 인 유 이 종
>
> 야인에는 두 종류가 있다.

캄보디아에는 현재도 최소 20~30개의 소수 민족이 있는데 이 다양한 종족들을 두 범주로 나눌 수 있다 하니 이 첫 문단에 관심이 가지 않을 수 없다. 하지만 알고 보면 주달관의 이분법은 퍽 싱겁다. 캄보디아인과 함께 사는가의 여부 즉 노예냐 자유인이냐의 구분일 뿐이다. 다음을 보자.

> 有一等, 通往來話言之野人, 乃賣與城間爲奴之類是也.
> 유 일 등 통 왕 래 화 언 지 야 인 내 매 여 성 간 위 노 지 류 시 야
>
> 한 부류는 말이 통하는 야인으로, 성중에 팔려 노예가 된 무리가 그들이라.

이들에 대해서는 이미 '노비' 조에서 설명이 다 된 바 있다.

有一等, 不屬敎化不通言語⁵⁰之野人. 此輩皆無家可居,
但領其家屬巡行於山頭, 戴一瓦盆而走, 遇有野獸,
以弧矢標鎗射而得之, 乃擊火于石, 共烹食而去.
其性甚狠, 其藥甚毒, 同黨中人常自相殺戮⁵¹.
近地亦有種荳蔻木綿花織布爲業者, 布甚粗厚,
花紋甚別.

한 무리는 교화되지 않고 말이 통하지 않는 야인이다. 이들은 모두 거주하는 집 없이 가족을 이끌고 산 속을 돌아다닌다. [머리에] 항아리를 하나 이고 다니는데 야수를 만나면 나무로 만든 활, 화살과 표창으로 그것을 쏘아 잡아 돌로 불을 피워 함께 끓여 먹고 떠난다. 그 성격이 매우 강퍅하고 [사용하는 독] 약은 매우 독하다. 같은 무리 속에서 사람들은 늘 자기끼리 서로 죽인다. 가까운 곳에서는 두구와 목면화를 심고 직물 짜는 일을 업으로 삼는 자들도 있다. 직포는 매우 조잡하고 두텁지만 무늬는 매우 특이하다.

또 다른 야인 즉 진짜 야인에 대한 기술이다. 그런데 이 부분은 주

---

50 金榮華의 원문에는 '話'로 되어 있으나 '語'의 오사이다. 례흐영, 夏鼐가 사용한 '고금일사본'이나 하반떤이 소개한 '사고전서본', 和田久德의 '고금설해본' 모두 '語'로 되어 있다.
51 金榮華의 원문에는 '戳'로 되어 있으나 '戮'의 오사이다. 여타 본에도 모두 모두 '戮'으로 되어 있다.

달관이 보고 들은 이야기를 뒤섞어 놓은 것 같다. 야인들이 산 속을 돌아다니고 짐승을 사냥하는 모습을 그가 본 것 같지는 않다. 더군다나 머리 위에 질그릇 항아리를 이고 이동하다가 짐승을 만나면 활과 창으로 사냥한다는 기술도 맥락이 없어 보인다.

그러나 말의 배열이 이상해서 그럴 뿐 가만히 내용을 살펴보면 엉뚱한 얘기는 없다. 산지에 사는 소수 민족 중에는 절기마다 이동하며 화전 경작을 하는 사람들이 많다. 종족에 따라서는 여성의 경우 물건을 나를 때 머리에 이는 방식을 좋아하기도 한다. 짐승을 사냥해 먹는 일은 매우 보편적이며 독화살을 이용하는 데 능한 종족이 많다. 성격이 강퍅하다거나 무리끼리 늘 서로 죽인다는 것도 특별한 일이 되지 않는다. 화자의 — 주달관이 되었든 주달관에게 말해 준 사람이든 — 주관적 판단일 뿐이다.

두구(荳蔲, cardamom)는 캄보디아의 특산품이다. 두구 생산이 소수 민족들에 의해 행해지고 있다는 관찰은 흥미롭다. 이들이 생산한 두구는 크메르인이나 중국인에게 판매되었을 것이고, 당시 캄보디아에서는 두구가 중요한 수출품이었으니 야인들은 이미 캄보디아 국제 교역의 주요 축을 담당하고 있었다는 얘기가 된다. 목면을 재배하고 실을 뽑아 천을 짜는 일은 지금도 이어지는 동남아시아 소수 민족들의 주요 산업이다.

13. 문자(文字)

尋常文字及官府文書, 皆以麂鹿皮等物染黑.
심 상 문 자 급 관 부 문 서   개 이 궤 록 피 등 물 염 흑

隨其大小闊狹, 以意裁之, 用一等粉,
수 기 대 소 활 협   이 의 재 지   용 일 등 분

如中國白堊之類, 搓爲小條子, 其名爲梭. 拈於手中,
여 중 국 백 악 지 류   차 위 소 조 자   기 명 위 사   넘 어 수 중

就皮畫以成字, 永不脫落. 用畢則挿於耳之上.
취 피 획 이 성 자   영 불 탈 락   용 필 즉 삽 어 이 지 상

字跡亦可辨認爲何人書寫. 須以濕物揩拭方去.
자 적 역 가 변 인 위 하 인 서 사   수 이 습 물 개 식 방 거

일반 문자 및 관부의 문서는 모두 검게 물들인 사슴 가죽 같은 것들로써 한다. 크기와 넓이에 따라 뜻대로 그것을 재단한다. 중국의 백토 같은 가루를 손으로 주물러 조그맣고 길다란 조각을 만드니 그것을 사[52]라 이른다. 손 안에 잡고 가죽에 그려 글씨가 되면 [글씨가] 절대 떨어지지 않는다. 사용하기를 마치면 귀 위에 꽂는다. 글씨의 모양새로도 누가 쓴 것인지 판별할 수 있다. 반드시 물기 있는 것으로 닦아야 지울 수 있다.

'삼교' 조에서 불교의 경전은 다라수 나뭇잎에 쓴다고 했다. 이는 영

---

[52] '희다'라는 의미를 갖는 'sɔ̌'의 음사. 和田久德, p. 111. 캄보디아어로 분필은 '더이 써오'이다. '더이'는 흙이다. '더이 써오'라면 '백토(白土)' 정도의 의미이다.

구적인 방법이다. 한 번 새겨 넣고 지울 필요가 없을 때 이 방법을 쓴다. 그러나 여기서 말하듯 일반적인 글쓰기는 검게 물들인 가죽 위에 흰색 분필을 사용하는 방식이었다. 필요하면 지우고 다시 쓴다고 했는데 지우는 방법은 우리에게 낯설지 않다.

    글자 모양의 특성상 쓴 이를 쉽게 알아낼 수 있다고 한다. 이는 매우 흥미로운 관찰이다. 어느 민족의 글자든지 사람에 따라 글씨체가 다름은 당연하지만 특히 캄보디아 글자는 쓴 사람에 따라 개성이 분명하다.

大率字樣正似回鶻[53]字, 凡文書皆自後書向前,
대 솔 자 양 정 사 회 골   자 범 문 서 개 자 후 서 향 전
却不自上書下也. 余聞之也先海牙云, 其字母音聲,
각 불 자 상 서 하 야 여 문 지 야 선 해 아 운 기 자 모 음 성
正與蒙古音聲相類, 但所不同者, 三兩字耳. 初無印信.
정 여 몽 고 음 성 상 류 단 소 부 동 자 삼 량 자 이 초 무 인 신
人家告狀, 亦有[54]書舖書寫.
인 가 고 장 역 유   서 포 서 사

대체로 보아서 글자의 모양새가 위구르 글자와 매우 비슷하다. 모든 글자는 뒤로부터 앞으로 쓰지 반대로 위로부터 아래로 쓰지 않는다. 야선해아가 말하길, 이 글자의 모음성은 몽골 음성과 똑같은데 단지 다른 것은 두세 글자뿐이라고 했다. 도장은 애초부터 없다. 사람들이 소송장을 쓸 때 [의뢰할] 서포나 서사도 있다.

글자의 생김새가 위구르 것과 비슷하고 모음은 몽골어와도 닮았다고 한다. 남방 캄보디아의 문자가 북방 위구르나 몽골 문자와 무슨 상관이 있는가? 몽골이나 위구르는 티벳과 교류가 많았다. 티벳은 인도 대승불교의 영향을 받았고 산스크리트어가 문자에 많이 유입되었다. 몽골인들이 티벳 승려 파스파의 도움으로 만들어 사용한 파스파 문

---

53 金榮華 원문에는 '鶻'로 되어 있으나 '鶻'의 오사이다. 레흐영, 夏鼐의 책이나 '사고전서본', '고금설해본' 모두 '鶻'로 되어 있다.
54 金榮華는 자신이 사용한 '고금일사본' 저본상의 '有'를 '無'로 고쳤다. 夏鼐도 '無'로 고쳐 놓았다(p. 119). 그러나 '사고전서본'이나 '고금설해본'에는 '有'로 되어 있고 레흐영의 '고금일사본'에서도 '有'이다. 뻴리오도 '있다'로 번역해 놓았다. Pelliot(1951), p. 21. 내 생각에는 '있다'가 맞는 것 같다. 검은 가죽 위에 흰 분필 같은 것으로 꼼꼼하게 글씨를 쓰고 필기구를 귀 위에 꽂는 행동은 전문 서사인을 연상시키지 않는가?

자는 티벳 문자를 기초로 한 것이다. 캄보디아 역시 인도의 문물을 적극 수입하는 가운데 산스크리트어를 기초로 문자를 만들었다. 이 때문에 북방의 문자와 남방의 문자 사이에 유사성이 나타나는 것이다. 게다가 크메르인의 원 거주지가 티벳 쪽이었다면 위구르 및 몽골과 언어적 관련성이 있을 가능성도 배제할 수 없다. 주달관과 머리를 맞대고 크메르 문자를 논하고 있는 야선해아는 사절단에 포함되어 있던 비한족 동료였겠다.

14. 정삭시서(正朔時序)

> 每用中國十月爲正月. 是月也, 名爲佳得,
> 매용중국시월위정월 시월야 명위가득
> 當國宮之前, 縛一大棚, 上可容千餘人,
> 당국궁지전 박일대붕 상가용천여인
> 盡掛燈毬花朶之屬.
> 진괘등구화타지속
>
> 늘 중국의 10월을 정월로 삼는다. 이 달을 가득[55]이라 하는데, 궁궐 앞에 커다란 단을 엮는다. [그] 위는 천여 명을 수용할 만하며 둥근 등과 꽃송이를 빽빽이 달았다.

새로운 해의 시작은 중국으로 치면 시월에 해당되는 달이었다고 한다. 이 시기는 캄보디아에서 긴 우기가 끝나고 건기로 접어들 때이다. 바람이 상쾌하고 하늘은 높아진다. 새해를 맞는 행사를 치르기 위해 궁궐 앞에는 잔교 모양의 커다란 단이 설치되는데 그 규모는 천여 명이 올라 설 정도이다. 1㎡에 한 명이 올라선다고 계산하면 가로 세로 각각 약 50m 및 20m면 족하다. 1㎡에 두 명이 올라선다면 가로 세로 각각 약 25m 및 20m이다. 이보다 다소 작을 수도 있다. 어느 규모가 되었든 간에 국가적 행사를 위해 이 정도 크기의 단은 만들 만하다.

---

55 산스크리트어 'karttika'에서 온 말. Pelliot(1951), p. 21.

주달관이 크게 과장을 하고 있다고 여길 필요는 없겠다. 화려한 꽃과 등불로 장식된 채 왕궁 앞의 이 단은 새해의 시작을 알리고 있었다.

其對岸遠離三十丈地, 則以木接續, 縛成高棚.
기 대 안 원 리 삼 십 장 지 즉 이 목 접 속 박 성 고 붕
如造塔樣竿之狀, 可高二十餘丈.
여 조 탑 양 간 지 상 가 고 이 십 여 장
每夜設三四座或五六座, 裝煙火爆杖于其上.
매 야 설 삼 사 좌 혹 오 륙 좌 장 연 화 폭 장 우 기 상
此皆諸屬郡及諸府第認直.
차 개 제 속 군 급 제 부 제 인 치

그 맞은편 멀리 30장 거리 지점에는 나무로 연결하고 묶어서 높은 단을 만든다. 탑을 세울 때의 비계 같은 모양으로서 높이가 이십여 장은 된다. 매일 밤 3~4좌 혹은 5~6좌를 설치하고 그 위에 연화와 폭장을 차려 놓는다. 이것들은 모두 속군 및 제 관부에서 마련한다.

새해맞이 폭죽 행사가 준비된다. '비계'란 건축물을 만들 때 밖에 세우는 틀이다. 이렇게 나무를 엮어 세워 만든 단 위에서 폭죽을 날렸던가 보다.

> 遇夜則請國主出觀, 點放煙火爆杖.
> 우야즉청국주출관 점방연화폭장
> 煙火雖百里之外皆見之, 爆杖其大如砲, 聲震一城.
> 연화수백리지외개견지 폭장기대여포 성진일성
> 其官屬貴戚, 每人分以巨燭檳榔, 所費甚夥.
> 기관속귀척 매인분이거촉빈랑 소비심과
> 國主亦請奉使觀焉. 如是者半月而後止.
> 국주역청봉사관언 여시자반월이후지
>
> 밤이 되면 국주를 청해 나와 보게 하고, 연화와 폭장에 불을 붙여 발사한다. 연화는 백 리 바깥에서도 보이고 폭장은 그 크기가 돌쇠뇌만 한데 소리가 온 성안에 울린다. 관속과 귀척은 모든 사람들에게 큰 초와 빈랑을 나누어 주니 그 비용이 매우 많다. 국주는 [우리] 사신들도 청해 관람하게 했다. 이와 같은 것은 반 달 후에야 그친다.

연화는 백 리 바깥에서도 볼 수 있고 폭장은 돌쇠뇌(투석기, 砲)[56] 만 한 크기에다 소리도 우렁차다 한다. 이를 각각 불꽃놀이와 폭죽놀이로 보면 될 것 같다. 요란한 축제가 보름 동안 지속되었다.

---

56 선행 번역자들은 모두 '砲'를 화포로 번역했다. 단지 해리스가 이 글자의 원래 의미인 돌쇠뇌(trebuchets)로 번역했다(p. 62). 주달관의 시대에 아직 보편화되지는 않았지만 화포가 사용되고 있었다는 사실과 폭장이 아무리 크다한들 거대한 투석기만 하기야 할까 싶다면 '砲'를 화포로 번역해야 할 것이다. 그러나 '온 성안에' 폭발음이 울릴 굉음을 내는 폭약이라면 그 양이 투석기 하나 정도는 되었어야 하지 않을까? 아직 보편적인 무기로 사용되고 있지 않던 화포가 아무리 큰들 그만한 크기의 폭장을 터뜨릴 때 온 성을 흔들 만큼의 소리를 냈겠는가? 설사 이 구절 원문의 배치를 바꾸어 '폭장의 소리가 화포소리만큼 컸다'는 식으로 번역한다고 해도 13세기 말에 '온 성안'을 진동시킬 만한 화포가 중국에 있었던 것 같지 않다.

每一月必有一事, 如四月則抛毬, 九月則壓獵.
매 일 월 필 유 일 사 여 사 월 즉 포 구 구 월 즉 압 렵

壓獵者, 聚一國之象, 皆來城中, 教閱於國宮之前.
압 렵 자 취 일 국 지 상 개 래 성 중 교 열 어 국 궁 지 전

五月則迎佛水, 聚一國遠近之佛, 皆送水與國主洗身.
오 월 즉 영 불 수 취 일 국 원 근 지 불 개 송 수 여 국 주 세 신

陸地行舟, 國主登樓以觀. 七月則燒稻, 其時新稻已熟,
육 지 행 주 국 주 등 루 이 관 칠 월 즉 소 도 기 시 신 도 이 숙

迎於南門外, 燒之以供佛, 婦女車象往觀者無數,
영 어 남 문 외 소 지 이 공 불 부 녀 거 상 왕 관 자 무 수

國主却不出. 八月則挨藍, 挨藍者舞也, 點差伎樂,
국 주 각 불 출 팔 월 즉 애 람 애 람 자 무 야 점 차 기 락

每日就國宮內挨藍, 且鬪猪鬪象, 國主亦請奉使觀焉.
매 일 취 국 궁 내 애 람 차 투 저 투 상 국 주 역 청 봉 사 관 언

如是者一旬. 其餘月份, 不能詳記也.
여 시 자 일 순 기 여 월 분 불 능 상 기 야

매달 반드시 한 개의 행사가 있는데, 예를 들어 4월에는 포구[57], 9월은 압렵[58] 같은 것이다. 압렵이란 나라 안의 코끼리를 모두 성 중에 오게 하여 궁궐 앞에서 훈련하고 열병하는 것이다. 5월은 영불수로서 전국 원근의 불상을 모아 모두 물로 보내 국주와 더불어 몸을 닦는다.[59] 육지로 배를 가게 하니 국주가 누각에 올라가 관람한다. 7월은 벼 태우기이다. 이때에 새 벼가 벌써 익는데 남문 바깥에서 맞아 그것을 태워 부처에 공양한다. 수레와 코

---

57 남녀가 양편으로 나뉘어 공을 던지면서 하는 놀이를 '버충'이라 하는데 혹 '포구'란 이를 지칭하는 것이 아닐까 한다. Ly Theam Teng, p. 39.
58 ālak에서 온 글자로 추측한다. ālak은 왕실 재산의 기록자. 和田久德, p. 113.
59 해석하기가 매우 애매하다. 그래서 그런지 번역자마다 의견이 각각이다. '불상과 더불어 물을 보내 왕과 더불어 닦게 한다'는 번역도 가능한데, 그렇다면 이때 닦는 대상이 불상인지 왕인지 불분명하다. '물을 보내 왕에게 주어서 닦게 한다'고 번역할 수도 있겠지만 이때도 역시 닦는 대상은 모호하다. 현재에도 불상 닦는 의식이 있지만 과거와 같다고 볼 수는 없다.

> 끼리를 타고 가서 보는 부녀가 무수히 많지만 국주는 나가지 아니한다. 8월은 애람이다. 애람은 춤(추기)[60]이다. 배우와 악공을 뽑아 매일 궁궐 안에 들어가 춤추게 하고 돼지 싸움, 코끼리 싸움도 [있으니] 국주가 사신들을 청해 관람하게 했다. 이와 같은 것이 열흘이다. 그 외 나머지 달 것은 자세하게 기억하지 못하겠다.

각 달의 주요 행사를 열거하고 있다. 그런데 순서가 좀 이상하다. 4월, 9월, 5월, 6월(?), 7월, 8월 순서이다. 왜 순서대로 하지 않고 4월 다음에 9월이 끼어들까? 어리둥절하게 만드는 기술은 6월에도 해당된다. '육지행주(陸地行舟)'에서 '육지'는 '유월 (六月)'의 오기라는 의견도 있다.[61] 그런데 '육지'와 '유월'은 글자 모양과 의미가 너무 멀어서 단순한 오기라고 여기기는 곤란하다. 이런 놀이는 현재도 발견된다고 한다.[62] 그러나 왜 불상 씻기 행사를 소개하는 데서 '육지행주'가 나와야 하는지는 잘 모르겠다. 혹 불상들을 씻긴 후에 배에다 태운 후 왕이 보는 앞에서 퍼레이드를 했다는 것인지.

불상 씻기기나 벼 태우기 행사는 지금도 캄보디아뿐만 아니라 동남아시아 불교 국가에서 널리 행해지고 있다. 불상 씻기기에는 왕이 간여하고 벼 태우기는 여성들의 구경거리였다. 종교적 신성성과 왕은 늘 단짝이며 쌀과 여성도 늘 한 짝이다.

---

60 '로엄'은 '춤추다'라는 뜻이고 '틍아이 로엄'은 '춤추는 날'이다. 혹 '틍아이'의 '트'가 약하게 발음이 되면 주달관에게는 '挨藍(중국어 발음 '아일란' 또는 '아일람')'으로 들렸을 수도 있겠다.

61 Pelliot(1951), p. 22.

62 金榮華, p. 67; 夏鼐, p. 125.

> 國人亦有通天文者, 日月薄蝕, 皆能推算.
> 국인역유통천문자   일월박식   개능추산
> 但是大小盡却與中國不同. 中國閏歲, 則彼亦必置閏,
> 단시대소진각여중국부동   중국윤세   즉피역필치윤
> 但只閏九月, 殊不可曉. 一夜只分四更. 每七日一輪,
> 단지윤구월   수불가효   일야지분사경   매칠일일륜
> 亦與中國所謂開閉建除之類.
> 역여중국소위개폐건제지류
>
> 나라 사람들 중에는 천문에 능통한 자도 있어 일식과 월식을 모두 능히 추산한다. 단지 [달의] 크고 작음은 중국과 모두 같지 않다. 중국의 윤년에는 이들도 반드시 윤을 집어넣는데, 단지 9월에만 윤달을 넣는 것은 특히 이해할 수 없다. 하룻밤은 4경으로만 나뉜다. 매 7일[을 단위로] 한 바퀴 도니 중국의 이른바 개, 폐, 건, 제 등속과도 한 가지다.

7일을 단위로 한 주기가 도는 것은 인도의 영향이다. '개, 폐, 건, 제…'는 중국의 도사들 사이에서 행해지던 12개의 단위로 돌아가는 날짜 셈법이었다고 한다.[63] 캄보디아 궁정에서는 브라만이 천문을 담당했다.

---

63   金榮華, p. 69.

> 番人既無名姓, 亦不記生日. 多有以所生日頭爲名者,
> 번인기무명성　역불기생일　다유이소생일두위명자
> 有兩日最吉, 三日平平, 四日最凶. 何日可出東方,
> 유양일최길　삼일평평　사일최흉　하일가출동방
> 何日可出西方, 雖婦女皆能算之.
> 하일가출서방　수부녀개능산지
>
> 번인은 성이 없는 데다가 생일도 기록하지 않는다. 태어난 날짜로써 이름을 삼는 경우가 많은데, 가장 길한 이틀, 보통인 사흘, 가장 흉한 나흘이 있다.[64] 어느 날 동쪽 방향으로 나가고 어느 날 서쪽 방향으로 나가야 하는지는 아녀자라 할지라도 모두 능히 그것을 계산할 수 있다.

동남아시아 사람들은 (베트남인을 제외하고) 모두 성이 없었다. 대가족 제도가 발달하지 않은 사회에서 성은 별 의미가 없기 때문이다. 현재 사용되는 성은 근대의 산물이다. 태어난 날로 이름을 정하는 방식은 요즘도 동남아시아 곳곳에서 보인다.

---

64 이 문장 번역도 의견이 다양하다. 그냥 날짜의 끝 숫자로 보기도 하며(和田久德, p. 46; Hà Văn Tấn, p. 41) 마지막 '四'를 '二'로 여겨 순환 단위인 7일을 맞추기도 한다. Pelliot(1951), p. 22; Lê Hương, p. 67; Ly Theam Teng, p. 41. 하지만 그 어느 것도(金榮華와 夏鼐는 말이 없다.) 설득력이 약하다. 나는 맨 앞의 '有'를 고려하여 번역했다. 그러나 내 번역의 근거도 명확히 제시할 수는 없다. 단지 직역해 놓았을 뿐이다. Harris 역시 이렇게 해 놓았는데 '그들의 주기 속에서(in their cycle)'란 말을 집어넣었다. Harris, pp. 63-64. 즉 캄보디아인의 순환 기일인 '일주' 7일 속에서라는 이야기인데, 혹 이 7일 주기가 1년 중의 각 달과 조합되어 만들어지는 날짜들 중에 가장 좋은 날, 보통인 날, 가장 흉한 날이 각각 이틀, 사흘, 나흘씩 나오는 게 아닌가 모르겠다.

十二生肖亦與中國同, 但所呼之名異耳.
십 이 생 초 역 여 중 국 동　단 소 호 지 명 이 이

如呼馬爲卜賽, 呼鷄爲蠻, 呼猪爲直盧, 呼牛爲箇之類.
여 호 마 위 복 새　　호 계 위 만　호 저 위 직 로　호 우 위 개 지 류

12 [간지를 이루는] 동물 모양도 역시 중국과 같지만 단지 부르는 명칭이 다를 뿐이다. 말은 복새, 닭은 만, 돼지는 직로, 소는 개라고 부르는 식이다.

대체로 현재의 발음과 일치한다. '복새'의 '복'은 '무리'라는 의미의 '뿌옥'을 지칭하는 것이라고 여긴다.[65] 말, 닭, 돼지, 소는 크메르어로 각각 '쌔', '모안', '쯔룩', '꺼오'이다.

---

[65] 和田久德, p. 115.

15. 쟁송(爭訟)

> 民間爭訟, 雖小事, 亦必上聞國主.
> 민간쟁송 수소사 역필상문국주
>
> 민간의 쟁송은 비록 작은 일이라도 반드시 국주에게 아뢴다.

현실적으로 불가능한 이야기이다. 단지, 민간의 쟁송 중에 해결이 쉽지 않은 사안을 아주 가끔 왕이 처리했다는 이야기가 아닐까 한다. 비슷한 시기 태국의 수코타이 왕국에서도 왕이 모든 쟁송을 해결해준다는 관념이 있었다.

> 初無笞杖之責, 但聞罰金而已. 其人大逆重事,
> 초 무 태 장 지 책　단 문 벌 금 이 이　기 인 대 역 중 사
> 亦無絞斬之事, 止於城西門外掘地成坑, 納罪人於內,
> 역 무 교 참 지 사　지 어 성 서 문 외 굴 지 성 갱　납 죄 인 어 내
> 實以土石, 堅築而罷. 其次有斬手足指者, 有去鼻者.
> 실 이 토 석　견 축 이 파　기 차 유 참 수 족 지 자　유 거 비 자
>
> 몽둥이로 혼내는 법은 애초부터 없고 단지 [나는] 벌금에 대해서만 들었을 뿐이다. 대역[죄] 같은 중한 일을 저지른 사람이라도 목을 매거나 자르는 일이 없고, 성의 서쪽 문 바깥에 땅을 파 구덩이를 만든 후에 죄인을 안에 집어넣고 돌과 흙으로 채워 견고하게 쌓아 놓을 뿐이다. 그 다음으로는 손, 발가락을 끊기도 하고 코를 떼어내는 경우도 있다.

작은 몽둥이로 치는 태형, 큰 몽둥이를 사용하는 장형, 목을 매는 교수형, 허리나 목을 끊는 참형 등이 캄보디아에서는 없었다고 한다. 대역죄 주범들일 경우에는 구덩이를 파서 묻고 연루된 자들은 손, 발가락 또는 코를 베어냈다는 것 같다. 앞서 '성곽' 조에서 언급된 '발가락 잘린 형을 받은 자들'이란 바로 이들이 아닌가 한다.

但姦與賭無禁. 姦婦之夫或知之,
단 간 여 도 무 금   간 부 지 부 혹 지 지
則以兩柴絞姦夫之足, 痛不可忍, 竭其資而與之,
즉 이 양 시 교 간 부 지 족   통 불 가 인   갈 기 자 이 여 지
方可獲免, 然裝局欺騙者亦有之.
방 가 획 면   연 장 국 기 편 자 역 유 지

그러나 간통과 도박은 금함이 없다. 간통한 여성의 남편이 혹 그것을 알면 막대기 두 개로 간통한 남자의 다리를 묶는다. 고통을 참을 수가 없으니 있는 재산을 털어 그 [남편]에게 주면 비로소 벗어날 수 있다. 그러나 가장하고 사기 치는 자들은 역시 있다.

이 부분에서는 국가의 법과 실질적 적용의 차이가 발견된다. 동남아시아에서는 도박이 매우 흔하며 이를 국가에서 특별히 단속 대상으로 보지는 않았다. 오히려 도박업은 왕실 수입원으로 간주되는 경우도 종종 있었다. 특히 캄보디아에서는 이 전통이 강하다. 주달관이 경험했던 캄보디아는 간통도 금하지 않았다. 간통은 개인 문제였다. 주달관은 간통이 발견되는 경우에 행해지던 사적 처벌 방식을 소개하고 있다. 개인적 응징이 허용되는 분위기 속에서 간통을 트집잡은 모함이나 갈취 등도 있었음을 그는 덧붙이고 있다.

> 或有死於門首者, 則自用繩拖, 至城外野地.
> 혹 유 사 어 문 수 자   즉 자 용 승 타   지 성 외 야 지
> 初無所謂體究檢驗之事.
> 초 무 소 위 체 구 검 험 지 사
>
> 혹 [자기 집] 문 머리에서 죽은 자가 있으면 스스로 끈을 이용해 끌고 성 밖의 들판으로 간다. 소위 사체를 검사하고 사인을 조사하는 일은 애초부터 없다.

형벌 및 쟁송에 관련된 이 장에서 왜 죽은 자 처리 방법이 나오는지 의아스럽다. 이 부분에서는 어떤 이유에서든지 일단 죽은 자에 대해서는 — 살인 같은 것 — 정부가 간여하지 않는다는 사실을 이야기하고자 하는 것 같다. 시체가 발견되는 경우 성 밖에 내다 버리면 그것으로 끝이다.

> 人家獲盜, 亦可自施監禁烤掠之刑, 却有二[66]項可取.
> 인가획도 역가자시감금고략지형 각유이 항가취
> 且如人家失物, 疑此人爲盜不肯招認,
> 차여인가실물 의차인위도불긍초인
> 遂以鍋煎油極熱, 令此人伸手於其中, 若果偸物,
> 수이과전유극열 령차인신수어기중 약과투물
> 則手腐爛, 否則皮肉如故云, 番人有法如此.
> 즉수부란 부즉피육여고운 번인유법여차
>
> 사람들이 도둑을 잡으면 스스로 감금하고 고문하는 형벌을 시행할 수도 있다. 그러나 때로는 두 가지를 [대] 취할 수도 있다. 또 인가에서 물건이 없어져 이 사람을 도둑이라 여기는데 [그가] 인정하지 아니할 것 같으면 종내 솥에 기름을 매우 뜨겁게 끓여 이 사람으로 하여금 그 안에 손을 넣게 한다. 만약 물건을 훔쳤으면 손이 뭉개질 것이요 그렇지 않으면 피부와 살이 그대로일 것이라 하니, 번인의 법이라는게 이와 같다.

도둑질한 자의 처리에 대해서도 국가가 간여하지 아니한다. 범법자에 대한 사형(私刑)이 일반적으로 행해지던 사회였는가 보다.

문제는, 주달관이 소개한 말도 안 되는 '범인 감별법'이다. 끓는 기름에 손을 넣으면 죄가 있거나 없거나 간에 손이 뭉개질 것이 뻔하다. 캄보디아 사람들이 다 바보가 아닌 바에야 이런 식의 사형이 보편화될 리가 없다. 그런데도 주달관은 이를 '번인의 법' 사례로 제시하고 있다.

본 바와 들은 바를 명확히 구분하는 주달관의 태도를 기억한다면,

---

66 金榮華는 원본의 '一項'을 '二項'으로 고쳐 놓았다. 나는 이에 동의한다.

'들은 것'이라는 단서가 없는 이 기사는 그가 '본 것'으로 이해해야 할 것이다. 분명 그는 사형의 현장을 보았을 것이라고 나는 믿는다. 그 자리에는 끓는 기름도 있었고 피의자도 있었다. 기름의 용도에 대한 설명도 들었을 것이다.

그러나 피의자의 손을 기름에 넣는 광경은 기술되지 않았음을 주목해야 한다. 보지 못했기 때문이다. 이 관행법은 피의자에게 위협용이었을 가능성이 높다. 물론 피의 사실이 확실한데도 부인할 때는 피의자의 손을 강제로 끓는 기름에 집어넣는 경우도 있으리라. 그것 자체가 형벌이었을 것이니 말이다.

又兩家爭訟, 莫辨曲直, 國宮之對岸有小石塔十二座,
우 양 가 쟁 송 막 변 곡 직 국 궁 지 대 안 유 소 석 탑 십 이 좌
令二人各坐一塔中. 其外兩家自以親屬互相隄防,
령 이 인 각 좌 일 탑 중 기 외 양 가 자 이 친 속 호 상 제 방
或坐一二日, 或三四日, 其無理者必獲證候而出,
혹 좌 일 이 일 혹 삼 사 일 기 무 리 자 필 획 증 후 이 출
或身上生瘡癤, 或咳嗽發熱之類, 有理者略無纖事.
혹 신 상 생 창 절 혹 해 돈 발 열 지 류 유 리 자 약 무 섬 사
以此剖判曲直, 謂之天獄, 蓋其土地之靈有如此也.
이 차 부 판 곡 직 위 지 천 옥 개 기 토 지 지 령 유 여 차 야

또 두 집안이 쟁송하며 시비를 가리지 못한다면, 궁궐 맞은편 12개의 작은 석탑 중 각 하나에 두 사람을 앉게 한다. 그리고 그 바깥에서 양 집안은 친속으로 하여금 서로 막고 있게 하는데, 혹 하루나 이틀, 혹은 삼사일을 앉아 있으면, 잘못한 쪽 [사람]은 반드시 증상이 생겨 밖으로 나오게 되니, 혹은 몸에 부스럼이 생기거나 혹은 기침, 발열 따위이다. 옳은 쪽 [사람]에게는 아무 일도 없다. 이렇게 하여 옳고 그름이 나누어지니 이를 일러 하늘의 판결이라 한다. 대체로 이 땅에 신령스러움이 있음이 이와 같다.

이 역시 쟁송의 사적 해결 방식에 대한 기술이다. 사람들은 신격에 의지해 잘잘못을 가린다. 전체적으로 종합해 보건대, 당시 캄보디아에서 쟁송의 해결은 국가 법 또는 기관에 의해서가 아니라 민간의 관행적인 방식을 통해서 행해졌다고 판단된다. '모든 송사에 왕이 개입한다'는 것은 단지 상징적인 원칙이었을 뿐이다.

쟁송 해결에 사용되었다던 이 12개의 탑(Prasat Sour Prat)은 아직

도 고스란히 남아 있다. 주달관의 표현처럼 '작은 석탑'이 아니다. 높이가 약 10m 되고 라테라이트로 만든 벽돌이 주재료이다. 2012년 초 어느 오전, 나홀로 이 주변을 어슬렁거리고 있을 때 어디선가 천상의 소리가 들리는 듯하여 다가가 보니 한 탑 안에서 젊은 여성 하나 (나중에 알고 보니 독일 여성이었음)가 노래를 부르고 있는 거였다. 큰 음성의 공명을 넉넉히 품을 만큼 이 탑은 규모가 있다는 얘기이다. 13세기에 시비를 가리는 이들이 들어가 앉든 21세기에 지구 반대편에서 날아온 여인이 들어가 노래를 부르든 그렇게 해서 이 안에서 '하늘의 판결'이 이루어지든 '천상의 소리'가 만들어지든 탑이 갖고 있는 신성은 변함이 없다.

16. 병라(病癩)

> 國人尋常有病, 多是入水浸浴及頻頻洗頭,
> 국 인 심 상 유 병　다 시 입 수 침 욕 급 빈 빈 세 두
> 便自痊可.
> 편 자 전 가
>
> 나라 사람들은 보통 병이 있으면 많이들 물속에 들어가 목욕을 하고 머리를 자주 감아 스스로 치유하는 경우가 많다.

    병의 원인이 더위라면 시원한 물로의 목욕 및 머리 감기는 당연한 치료 방법 아니겠는가? 병중에 몸을 청결히 유지할 필요도 있다.
    더 중요한 것은 목욕의 효용성에 대한 신앙적 믿음이다. 목욕하는 물은 고정된 물이 아니라 흐르는 물이며 생명을 간직한 물이다. 이곳의 물은 캄보디아인이 신령한 곳으로 여기는 쿨렌산과 닿아 있다. 그 산 정상에는 시바의 상징인 링가들이 있다. 동남아시아에서의 목욕 습속을 두고 물로써 몸을 시원히 함은 건강을 담보하는 일이며 더군다나 흐르는 물에 몸을 담그는 일은 불결한 것(신체적이든 정신적이든)을 닦아내는 '세정(cleansing)' 작업이었다고 한 안소니 리드의 분석은[67] 타당하다.

---

[67] Reid, pp. 51-52.

> 然多病癩者, 比比道途間.
> _{연 다 병 라 자   비 비 도 도 간}
> 土人雖與之同臥同食亦不校. 或謂彼中風土有此疾,
> _{토 인 수 여 지 동 와 동 식 역 불 교   혹 위 피 중 풍 토 유 차 질}
> 又云曾有國主患此疾, 故人不之嫌. 以愚意觀之,
> _{우 운 증 유 국 주 환 차 질   고 인 부 지 혐   이 우 의 관 지}
> 往往好色之餘, 便入水澡洗, 故成此疾,
> _{왕 왕 호 색 지 여   변 입 수 조 세   고 성 차 질}
> 聞土人色慾纔畢, 男女皆入水澡洗.
> _{문 토 인 색 욕 채 필   남 녀 개 입 수 조 세}
>
> 그러나 문둥병에 걸린 많은 사람이 거리 곳곳에 있다. 토인들은 비록 그들과 함께 자고 같이 먹지만 [아무도] 바로 잡지 않는다. 혹은 이르길 이 [나라]의 바람과 흙에 이 병이 있다 하고, 또 이르기를 예전에 이 병에 걸렸던 국주가 있었던 고로 사람들이 이를 꺼려하지 않는다고 한다. [내] 어리석은 생각으로 이것을 보자면, 왕왕 호색의 끝자리에 곧 물속으로 들어가 목욕을 하기 때문에 이 병이 생기는데, 듣자니 토인들은 색욕이 끝나자마자 남녀 모두 물속에 들어가 목욕을 한단다.

이 시기 캄보디아에는 문둥병이 많았다. 거리 곳곳에 환자들이 널려 있다고 하니 이는 주달관이 분명히 본 사실이다. 문둥병에 걸렸다는 왕은 야소바르만 1세(Yasovarman, 889~900)라고 하지만 자야바르만 7세도 말년에 이 병에 걸렸다는 얘기가 있다. 13세기나 지금이나 여전히 문둥이 왕이 과연 누구냐에 대한 의견은 분분하다. 흔히 '문둥이 왕'이라고 부르는 석상(13~14세기)은 앙코르톰에 남아 있었고 현재는 캄보디아 국립박물관에 전시되어 있다. 일찍이 챈들러는

이 왕이 자야바르만 8세 (1243 혹은 1270~1295)일 가능성이 높다고 한 바 있다.[68]

섹스 직후의 목욕이 문둥병을 유발할 수 있다는 주달관의 조심스러운 주장은 황당해 보이지만, 고대 일부 의서(醫書)에는 둘 사이의 관련성이 있다는 말도 전하긴 한단다.[69] 그러나 과연 주달관이 '들은 대로' 캄보디아 남녀가 성교 후면 함께 물로 뛰어들었는지는, 그래서 문둥병이 많았는지는 확인할 길이 없다.

---

68 David Chandler, "The Legend of the Leper King"(1978), *Facing the Cambodian Past*(Chiang Mai: Silk Worm Books, 1996), pp. 3-14, Harris, p. 116에서 재인용.
69 夏鼐, p. 133.

> 其患痢者十死八九. 亦有貸藥於市者,
> 기환리자십사팔구 역유대약어시자
> 與中國之藥不類, 不知其爲何物. 更有一等師巫之屬,
> 여중국지약불류 부지기위하물 경유일등사무지속
> 與人行持, 尤爲可笑.
> 여인행지 우위가소
>
> 이질에 걸린 사람은 열에 여덟 아홉은 죽는다. [이곳에도] 역시 시장에서 약을 대여하는[70] 자가 있지만 중국의 약물들과는 종류가 달라서 어떤 물건인지 모르겠다. 또한 무속의 무리가 있어 사람에게 도움을 행한다니[71] 더욱 가소롭다.

캄보디아에서 심한 병으로 꼽히는 게 문둥병과 이질이었는가 보다. 시장에서 중국의 것과는 다른 캄보디아 토착의 약품이 판매되고 있음을 주달관은 보고 있다. 질병의 치료에 무속이 개입하는 것은 과거 어디에서고 흔한 일이었다. 캄보디아는 무속 및 주술의 전통이 특히 강하다. 귀신을 부르고 부리는 일이 허황된 일만은 아니다.

---

70 약에 대해서 '賣'를 쓰지 않고 '貸'를 썼다. 이는 약이 갖고 있는 신성한 성격을 의식하는 태도에서 비롯된 것 같다. 하기사 약이나 의술은 파는 것이 아님이 맞다.

71 마지막 문장에서 '여인행지(與人行持)'를 펠리오나 和田久德은 '사람에게 시행하다'라고 했다. 하반떤의 번역은 '법술을 보이니'이고 레흐엉은 '직업을 행하여 사람들의 돈을 먹으니(hành nghề ăn tiền thiên hạ)'라고 번역했다. Pelliot(1951), p. 24; 和田久德, p. 50; Hà Văn Tấn, p. 43; Lê Hương, p. 73. 뒷 문장의 '더욱 가소롭다'는 말에 호응해 '지(持)'를 '돕는다'라는 의미로 번역하는 것이 옳지 않겠나 싶다.

17. 사망(死亡)

> 人死無棺, 止以簟席之類, 蓋[72]之以布.
> 인 사 무 관   지 이 차 석 지 류   개   지 이 포
> 其出喪也, 前亦用旗幟鼓樂之屬, 又以兩柈炒米,
> 기 출 상 야   전 역 용 기 치 고 락 지 속   우 이 양 반 초 미
> 繞路抛散.
> 요 로 포 산
>
> 사람이 죽어도 관이 없다. 돗자리 같은 것으로써 [싸고] 그것을 천으로 덮는다. 시신을 내갈 때에도 선두에 기치 및 악기 연주 등을 사용한다. 또한 두 쟁반의 볶은 쌀을 길에 두루 흩뿌린다.

사람이 죽으면 돗자리 위에 뉘인 후 천으로 덮었다. 시신을 옮기려면 돗자리나 천으로만 말아서 메고 갈 수는 없을 것이다. 캄보디아 사람들은 지게를 사용하지도 않았다. 천으로 덮은 시신을 우마차에 실었을까, 상여처럼 만든 도구에 올려놓고 여러 사람이 들쳐 멨을까? 어떤 방식이 되었든 간에 시신 앞에 기치가 서고 악기가 연주되는 가운데 죽은 자 가는 길에 두 쟁반의 볶은 쌀을 뿌린다 하니 장례에 일정의 격식과 절차가 있었음을 짐작케 한다.

---

[72] 金榮華는 이를 '盖'로 써 놓았으나 레흐영, 夏鼐의 책, '사고전서본', '고금설해본'을 따라 '蓋'로 바로 잡았다.

擡[73]至城外僻遠無人之地, 棄擲而去.
대   지성외벽원무인지지   기척이거

俟有鷹犬畜類來食, 頃刻而盡, 則謂父母有福,
사유응견축류래식 경각이진   즉위부모유복

故獲此報, 若不食或食而不盡, 反謂父母有罪而至此.
고획차보   약불식혹식이부진   반위부모유죄이지차

[시신을] 성 바깥 멀리 궁벽하고 사람이 없는 곳에 들고 가 던져버리고 간다. 매나 개 등 짐승들이 와서 먹기를 기다리는데 얼른 다 없어지면 부모가 복이 있어서 이런 갚음을 얻었다 하고, 만약 먹지 않거나 먹되 다 먹지 못했으면 반대로 부모가 죄가 있어 이렇게 되었다고 말한다.

새에게 시신을 먹이는 조장(鳥葬), 짐승에게 먹이는 수장(獸葬) 등을 언급하고 있다. 불교가 발달했음에도 불구하고 이런 류의 시신 처리 방법이 행해지고 있었다. 그러나 앙두옹 왕(Ang Duong, 1841~1860)이 사망할 때 자신의 시신을 짐승에게 먹이라고 했으며 이런 행동을 두고 자기 몸을 남에게 보시하는 행동이라 해석하는 게 가능하다면[74] 조장이나 수장이 불교 정신에 크게 위배된다고 여겨지지는 않았던 것 같다.

---

73 웬 이유에서였는지 모르겠지만 金榮華는 아무런 설명도 없이 이 글자를 모두 '抬'로 바꾸어 놓았다. 레흐영, 夏鼐의 책, '사고전서본', '고금설해본' 모두 '擡'로 되어 있다. 이하 '抬'는 모두 다시 '擡'로 되돌려 놓는다.

74 夏鼐, p. 135.

17. 사망(死亡) 155

> 今亦漸有焚者, 往往皆唐人之遺種也.
> 금 역 점 유 분 자   왕 왕 개 당 인 지 유 종 야
> 이즈음엔 화장하는 자들도 점차 생겼는데 왕왕 모두가 당인의 후손들이다.

번역하기가 매우 까다롭다. '왕왕'과 '개'를 한꺼번에 써 놓았으니 화장하는 사람은 모두 중국인의 후손이란 말인지 화장하는 사람들 중에 중국인의 후손이 많다는 것인지 불분명하다. 전자라면 중국인만 화장을 한다는 것이고 후자라면 캄보디아인 중에도 화장하는 이들이 늘어난다는 얘기다. 뺄리오와 레흐엉 및 해리스는 '대부분은 중국인 후손들'이라 했고[75] 和田久德과 하반편은 '왕왕 모두가…'라 직역을 해 놓았다.[76] 사료로 사용하기 대단히 애매한 기록이다.

더군다나 앞 부분 즉 굳이 '이즈음에'라는 기사와 연계되면 더욱 모호해진다. 당인의 후예 중에 화장하는 이가 많다는 것은 고향에 돌아갈 희망이 없어 매장을 하지 않았을 수도 있고 중국으로부터 갖고 간 고유의 풍습일 수도 있겠다.[77] 그러나 문제는 '이즈음엔 화장하는 자들도 점차 생겼다'는 것이다. 왜 이즈음에 중국인 사이에서 화장이 늘어났을까? 원나라의 지배가 공고해지면서 이족이 지배하게 된 고국에 돌아갈 일이 무망해지자 고유의 풍속을 찾기 시작한 것일까? 뺄리오 및 해리스의 번역에 따라 화장을 하는 사람이 '대부분 중국인 후손들'이라면 그 '대부분'을 뺀 나머지 소수를 차지하는 캄보디아인의 화

---

75 Pelliot (1951), p. 24; Lê Hương, p. 74; Harris, p. 66.
76 和田久德, p. 51; Hà Văn Tấn, p. 44.
77 金榮華, p. 75; p. 136.

장은 왜 '이즈음에' 늘었을까? 중국인의 영향일까? 등등. 여러 가지 해석을 유발해 흥미롭기도 하지만 시간 소비를 많이 하게 해서 거북스러운 기록의 대표적인 사례이다.

> 父母死, 別無服制.
> 부모사 별무복제
> 男子則髡其髮, 女子則於頂門剪髮似錢大, 以此爲孝耳.
> 남자즉곤기발 여자즉어정문전발사전대 이차위효이
> 國主乃有塔葬埋, 但不知葬身與葬骨耳.
> 국주내유탑장매 단부지장신여장골이
>
> 부모가 죽어도 별다른 상복 제도가 없다. 아들은 머리를 깎고 딸은 정수리의 머리칼을 동전만큼 크게 잘라내고서, 이를 효라고 여길뿐이다. 국주는 탑 안에 매장하지만 신체를 묻는지 뼈를 묻을 따름인지는 알지 못하겠다.

국주를 어떻게 매장하는지는 주달관이 볼 기회가 없었으니 알 리가 없다. 그래서 국주를 매장했다는 탑에 대해서만 언급할 뿐이지 시신을 매장하는지 뼈를 묻는지는 알 수 없다고 한다. 불교뿐만 아니라 힌두교의 영향도 고려한다면 왕의 시신은 화장되었을 것이다. 앞서 소개한 앙두옹 왕의 경우도 궁극적으로는 화장되었다.

18. 경종(耕種)

> 大抵一歲中可三四番收種. 蓋四時常如五六月天,
> 대저일세중가삼사번수종 개사시상여오유월천
> 且不識霜雪故也. 其地半年有雨, 半年絶無.
> 차불식상설고야 기지반년유우 반년절무
> 自四月至九月, 每日下雨, 午後方下[78].
> 자사월지구월 매일하우 오후방하
>
> 대저 한 해에 서너 번 심고 수확함이 가능하다. 사계절이 항상 [중국의] 오뉴월 날씨인 데다가 서리나 눈을 모르기 때문이다. 이 땅에서는 반년 [동안] 비가 오고 반년은 [비가] 하나도 없다. 4월부터 9월까지는 매일 비가 오는데 오후에야 내린다.

13세기 캄보디아에서 일 년에 서너 번 수확이 가능했던 이유는 기후 때문만은 아니었다. 우기나 건기에 상관없이 물이 항상 공급될 수 있도록 경작지 주변에 강, 호수, 저수지 등이 있어서 사시사철 농사를 지을 수 있었던 것이다. 주달관이 관찰한 지역에서는 저수지들이 건설되어 있었고 각 저수지는 서로 물길로 이어지고 있었으며 이 물길

---

[78] 金榮華는 이를 '止'라고 고쳤다. 그가 사용한 저본에는 '下'로 되어 있는데 말이다. 나는 이 수정에 동의할 수 없다. 우기에 비는 주로 오후에 내린다. 夏鼐는 원본에 따라 '下'로 두었고, '사고전서본', '고금설해본' 모두 '下'이다. 레흐엉이 사용한 '고금일사본'에서도 마찬가지이다.

들은 또 시엠립 강이나 톤레삽 호수와 연결되어 있었다. 즉 자연적인 조건만이 아니라 인공적인 관개시설이 보태지면서 이 지역의 삼사기작이 가능했었던 것이다. 저수지들이 사라져 버린 요즈음엔 기후는 여전해도 삼사기작이 불가능하다. 또 그럴 필요도 없다. 한 해 한 번만 수확해도 먹고 사는데 충분하니까.

　동남아시아 어느 나라에고 우기와 건기가 있다. 주달관의 말대로 건기에는 비 한 방울 볼 수가 없고 우기에는 거의 매일 비가 내린다. 그런데 우기의 경우 때를 가리지 않고 늘 비가 내리는 것이 아니고 하루 중 주로 오후에만 한때 소나기처럼 집중적으로 쏟아진다. 우리 장마철과는 달리 공기 중 습도도 높지 않다. 비가 한번 지나가면 여전히 하늘은 밝고(구름은 많이 있지만) 연못에는 물이 차서 온 천지에 풍요로운 기운이 가득해진다. 가끔은 몇 날 계속해서 비가 내리는 경우도 있고 몇 날을 비 한방울 없이 멀쩡한 때도 있긴 하다. 동남아의 우기는 우리의 눅눅한 장마철보다는 8월 맹하(猛夏)에 더 가깝다.

淡水洋中水痕, 高可七八丈. 巨樹盡沒, 僅留一秒耳.
담 수 양 중 수 흔 고 가 칠 팔 장 거 수 진 몰 근 류 일 초 이
人家濱水而居者, 皆移入山後, 十月至三月, 點雨絶無,
인 가 빈 수 이 거 자 개 이 입 산 후 시 월 지 삼 월 점 우 절 무
洋中僅可通小舟, 深處不過三五尺, 人家又復移下.
양 중 근 가 통 소 주 심 처 불 과 삼 오 척 인 가 우 부 이 하
耕種者指[79]至何時稻熟, 是時水可淹至何處,
경 종 자 지   지 하 시 도 숙 시 시 수 가 엄 지 하 처
隨其地而播種之. 耕不用牛, 耒耜鎌鋤之器, 雖稍相類,
수 기 지 이 파 종 지 경 불 용 우 뢰 사 겸 서 지 기 수 초 상 류
而制自不同.
이 제 자 부 동

[우기에는] 담수양의 물흔적(水痕, watermark)이 7~8 장 정도 올라간다. 큰 나무가 모두 잠겨서 겨우 끝가지 하나만 남을 뿐이다. 물가에 사는 사람들은 모두 이동해 산 뒤로 들어간다. 10월부터 3월까지는 비 한 방울 없다. 바다 [호수] 가운데로 겨우 조그만 배만 다닐 수 있을 뿐이다. 깊은 곳이 3~5척을 넘지 않는다. 사람들은 다시 아래로 이동한다. 씨를 뿌리는 자들은 어느 때에 벼가 익는가를 가늠하고 그때에 물은 어느 만큼 차는지를 고려해서 땅의 형편에 따라 파종한다. 땅을 갈 때 소를 사용하지 아니한다. 쟁기, 보습, 낫, 호미 등의 농기는 [중국 것과] 자못 비슷하지만 만드는 방법은 다르다.

우기와 건기에 따른 톤레삽 호수의 수량 변화는 이 지역의 생활

---

79 金榮華는 이를 '扣'로 고쳤으나 원문대로 그냥 놓아두어도 무방하다. 夏鼐도 그냥 두었다. '사고전서본', '고금설해본'도 모두 '指'이다. 레흐엉의 '고금일사본'에서도 '指'이다.

상을 결정짓는 매우 중요한 자연환경이었다. 사람들은 건기에는 호수 변 아래쪽에, 우기에는 호수 주위 높은 곳에 옮겨 다니며 살았다. 주달관의 기술에서 "산 뒤로 이동해 들어간다" 중 산이란 프놈끄롬(Phnom Krom)을 지칭하는 것 같다. 주달관이 머물던 시엠립에서 톤레삽 호수로 갈 때의 유일한 산이다. 자그마한 언덕 같은 산인데(137m), "산 뒤로 이동해 들어간다"라는 말은 산 뒤에 숨는다는 것이 아니라 산이 있는 곳보다 더 멀리 이동한다는 의미로 이해되어야 할 것이다. 우기에는 산 바로 아래까지 물이 차니까 말이다. 사람들은 아래쪽과 위쪽에 다 집을 두고 살았던 것이 아니라 집을 통째로 옮기며 살았다. 이 지역 주민들에게 가벼운 주상가옥이 요긴한 이유가 여기에 있다.

호수의 수량 변화에 따라 농사짓는 독특한 방법이 주목된다. 톤레삽 호수 주변은 우기와 건기의 차이에 따라 형성되는 질펀하고 광대한 땅이 농업 생산의 근원이었다. 이곳에서의 생산력을 기초로 초기 크메르 사람들이 생존할 수 있었으며 점차 바레이를 만들고 농업생산지를 확장하면서 찬란한 고대문명을 발전시킬 수 있었다.

톤레삽 호수의 수면이 내려가면 이미 퇴적물이 충분히 쌓인 곳에 파종만 하면 되었을 뿐 소로 미리 쟁기질을 할 필요는 없었을 것이다. 쟁기, 보습, 낫, 호미 등은 이 지구상 어느 농부들에게나 동반자들이다. 단지 모양새며 크기가 다를 뿐이다. 특히 동남아시아의 낫은 작고 손잡이도 짧다. 수확 시 낟알쪽에 가깝게 벼 줄기를 베어내기 때문이다.

> 然水傍又有一等野田, 不種而常生稻. 水高至一丈,
> 연 수 방 우 유 일 등 야 전 부 종 이 상 생 도 수 고 지 일 장
> 而稻亦與之俱高, 想別一種也.
> 이 도 역 여 지 구 고 상 별 일 종 야
>
> 그런데 물 옆에는 또 한 종류의 천연 논이 있는데 씨앗을 뿌리지 않아도 항상 벼가 자란다. 물의 높이가 1장 정도에 이르면 벼도 역시 그와 더불어 똑같이 자라니, 특별한 종자인 것 같다.

　뜨는 벼(浮稻, floating rice)가 주달관의 관심을 끌었다. 동남아시아에서 흔한 이 벼는 물과 함께 자란다. 수면 상승과 더불어 벼가 함께 성장한다는 뜻이다. 자라면 여성들이 배를 저어 가서 수확한다. 벼 수확은 여성의 몫이다.

> 但畚田及種蔬皆不用穢, 嫌其不潔也. 唐人到彼,
> 단여전급종소개불용예 혐기불결야 당인도피
> 皆不與之言及中國糞壅之事,恐爲所鄙.
> 개불여지언급중국분옹지사 공위소비
> 每三兩家共掘地爲一坑, 蓋之以草, 滿則塡之,
> 매삼량가공굴지위일갱 개지이초 만즉전지
> 又別掘地.
> 우별굴지
>
> 그러나 밭을 일구고 채소를 심을 때 절대로 더러운 것 [즉 사람똥]을 사용하지 않으니 그 깨끗지 못함을 혐오하기 때문이다. 이곳에 온 당인은 그들 [캄보디아인]에게 중국의 똥무더기 이야기를 언급하지 않으니 멸시를 당할까봐 두려운 것이다. [캄보디아인은] 매 두세 집안이 함께 땅을 파 [측간으로 쓸] 구덩이를 만들고 풀로 그 지붕을 만든다. 다 차면 그것을 묻고 또 달리 땅을 판다.

   물이 많은 나라에서는 변소를 물 위에 만든다. 그 위에서 볼 일을 보면 변은 물로 떨어지고 거기서 자연적으로 정화된다. 물고기가 처리하기도 한다. 이는 현재 메콩 델타에서의 보편적인 관습이다. 톤레삽 호수에서도 그러하다.
   하지만 당시 캄보디아에서는 이런 습속이 없었나 보다. 몇 집에서 공동 변소를 만들고 인분이 차면 흙을 덮어 묻는다.

18. 경종(耕種)

> 凡登溷既畢, 必入池洗淨. 凡洗淨止用左手,
> 범 등 혼 기 필　필 입 지 세 정　범 세 정 지 용 좌 수
> 右手留以拏飯. 見唐人登厠用紙揩拭者, 皆笑之,
> 우 수 류 이 나 반　견 당 인 등 측 용 지 개 식 자　개 소 지
> 甚至不欲其登門. 婦女亦有立而溺者, 可笑可笑.
> 심 지 불 욕 기 등 문　부 녀 역 유 립 이 뇨 자　가 소 가 소
>
> 무릇 측간에 올랐다가 일이 다 끝나면 반드시 연못에 들어가 씻는다. 세정을 할 때는 왼손만을 사용하는데 오른손은 남겨 두었다가 밥을 집는다. 당인이 측간에 가서 종이를 사용해 닦는 것을 보면 모두 그것을 비웃으며 심지어는 [자기 집] 문에 그가 [당인이] 오르는 것도 원하지 않는다. 부녀 중에는 서서 오줌 누는 자도 있으니 우습고 우습도다.

두 개의 서로 다른 관습이 대립하면서 긴장이 증폭된다. 볼 일을 보고 왼손으로 물을 사용해 뒤처리를 하는 것은 요즘도 동남아시아 어디에서나 흔히 볼 수 있다. 이런 사람들이 보기에 종이 같은 것으로만 닦아내고 끝내는 방식은 너무 불결해 보일지 모른다. 물론 종이를 이용하는 사람들로서는 손과 물을 이용하는 것이 괴상해 보일 터이다. 서서 오줌 누는 여자들 이야기는 맥락이 없다. 지금 '경종' 즉 농산물 경작에 관해 이야기하고 있는 중인데 말이다. '경종' 조에서 용변(소변 포함) 문제가 나오는 것이야 퇴비 문제를 다루다 보면 덧붙일 수도 있는 이야기라 보겠지만 더 가지를 쳐서 일부 여성들 소변보는 자세까지 웃음거리라며 들고 나왔다. 전혀 '경종'과는 관계가 없는 이야기이다. 혹 물속에 들어가 볼일을 볼 때의 모습을 전하는 기록이 아닐까 하는 생각도 들지만 '경종'과의 관련성은 여전히 아리송하다.

캄보디아에 살고 있는 중국인이 측간에서 종이를 사용하고 있다는 기사는 신뢰하기 힘들다. 이 시대에 종이의 주 용도는 필사였다. 그런데 캄보디아에서는 앞에서 이야기한 대로 필사에 종이가 사용되지 않았다. 중국에서나 필사 도구로 귀하게 사용되던 종이를 어떻게 캄보디아의 중국인은 측간용으로 사용한단 말인가? 화장실에서의 종이 사용이 일반화되기 이전에 사용되던 것은 식물 이파리, 짚풀 등이었다. 만약 주달관의 전언이 사실이라면 캄보디아에서 살고 있던 중국인들은 대단한 호사를 누리고 있었다는 말이 되는데….

19. 산천(山川)

> 自入眞蒲以來, 率多平林叢木. 長江巨港,
> 자입진포이래 솔다평림총목 장강거항
> 綿亘數百里, 古樹修藤, 森陰蒙翳, 禽獸之聲,
> 면긍수백리 고수수등 삼음몽예 금수지성
> 逐雜其間.
> 답잡기간

> 진포에 들어온 이래 대부분이 평평한 숲과 울창한 나무였다. 장강 [메콩강]에 큰 항이 수백 리 펼쳐져 있는데 오래된 나무와 칠렁이는 넝쿨들이 깊은 그림자를 드리우고 우거져 있으며 짐승들의 소리가 그 사이에 어지럽다.

진포가 붕따우 지역이었으니 여기부터는 대략 현재의 남부베트남[80]에 해당된다. 베트남 중남부 특히 남부로 들어가기 바로 전 지역은 사막화가 곳곳에 진행되었을 정도로 척박하다. 이곳을 거쳐서 남부로 들어서면 토양이 매우 비옥해지며 수목의 성장이 빠르다. 주달관은 붕따우 지역을 통과하면서 육지 쪽으로 무성한 정글 지대가 이어지는 것을 바라보았을 것이다. 그러다가 메콩강이 바다와 만나는 지점에서는 수백 리 펼쳐진 하구(河口)와 만났다. 장강의 '항'이란 '하구'

---

80 베트남을 북, 중, 남부로 나누었을 경우.

를 의미하는 것으로 이해하는 것이[81] 좋겠다. 하구로 들어가 메콩강에 진입하면 다시 또 강 양안이 온통 우거진 수풀이고 그 안의 짐승들 소리도 주달관의 귀에 가깝게 들려 왔겠다.

> 至半港而始見有曠田, 絶無寸木, 彌望芃芃, 禾黍而已.
> 지 반 항 이 시 견 유 광 전 절 무 촌 목 미 망 봉 봉 화 서 이 이
> 野牛以千百成群, 聚于此地. 又有竹坡, 亦綿亘數百里,
> 야 우 이 천 백 성 군 취 우 차 지 우 유 죽 파 역 면 긍 수 백 리
> 其竹節間生刺, 苟味至苦. 四畔皆有高山.
> 기 죽 절 간 생 자 구 미 지 고 사 반 개 유 고 산
>
> 반항에 이르러야 비로소 넓은 논이 보이는데 작은 나무 한 그루 없고 멀리 바라보아도 울창한 것은 벼와 기장뿐이다. 야생 소가 수백 수천 마리 무리를 지어 이곳에 모여 있다. 또한 대나무 언덕이 있어 [이] 역시 수백 리 이어져 있다. 대나무 마디 사이에 상처를 내 [맛을 보]면 정말이지 맛이 매우 쓰다. 사방엔 모두 높은 산이 있다.

'반항'이 어디를 지칭하는지는 알 수 없다. 혹 '여행 절반쯤 이르렀을 때'라고도 해석할 수 있겠으나[82] 어떤 해석이 되었든지 간에 당시 광대한 논농사 지대가 현재의 어디서부터 펼쳐져 있었는지에 대한 궁금증을 해소해 주지 못한다. 단지 주달관의 기술로 그려볼 수 있는 것은 메콩으로 진입해서도 한참 동안은 주변이 밀림이었다는 사실이

---

81 Pelliot(1951), p. 25.
82 앞과 같음.

다. 주달관이 만난 광대한 경작 지대는 사방이 높은 산으로 둘러싸여져 있는 지역이라니 현재 남부베트남은 아니었다. 그렇다고 해서 아직 톤레샵 호수에까지는 이르지 않아 보인다. '벼와 기장(禾黍)'이라고 했지만 실제는 벼이다. 캄보디아에서 기장은 흔하지 않다.

  수백 수천 마리의 야생 소란 야생의 물소였는지 당시 존재했던 또 다른 종류의 야생 소였는지 불분명하다. 뒤에 '주수(走獸)' 조에서도 야생 소가 언급된다. 2011년 8월 초 필자가 방문했던 썬남(Sơn Nam 남부학의 대가, 1926~2008) 기념관(미토 소재)에서 박제된 형상의 소 같기도 하고 노루 같기도 한 짐승의 머리를 본 적이 있는데 기념관 운영자는 이 동물의 이름이 소의 한 종류인 '꼰민(con min)'이라고 귀띔해 주었다. 30~40여 년 전까지도 남부 델타 지역에서 흔히 볼 수 있었다고 하니 주달관이 말하는 야생 소가 혹 이 동물이 아니었는가 싶다. 아니면 진짜 야생 물소가 있었는지도 모른다. 야생 물소 또는 야생 소라고 해서 단순히 산야에서 멋대로 자라는 물소나 소를 뜻하지는 않았을 것이다. 멧돼지와 집돼지는 전혀 다른 동물 아니던가.

20. 출산(出産)

> 山多異木, 無木處乃犀象屯聚養育之地.
> 산다이목 무목처내서상둔취양육지지
> 珍禽奇獸, 不許其數. 細色有翠毛象牙犀角黃蠟,
> 진금기수 불허기수 세색유취모상아서각황랍
> 粗色有降眞荳蔻畫黃紫梗大風油子.[83]
> 조색유강진두구화황자경대풍유자
>
> 산에는 기이한 나무가 많다. 나무가 없는 곳은 코뿔소와 코끼리가 모여 자라는 땅이다. 진기한 동물들은 그 수를 짐작할 수 없다. 값비싼 품목으로는 비취 깃털, 상아, 서각, 황랍이 있고 일반 품목으로는 강진, 두구, 화황, 자경, 대풍유자가 있다.

산에 있는 나무와 동물에서 생산되는 진기한 품목들이 소개된다. 비취 깃털, 상아, 서각, 황랍 등은 동물이 생산하고 강진, 두구, 화황, 자경, 대풍유자 등은 산 또는 나무에서 나오는 물산이다. 전자는 값비싼 품목 범주에 들어가고 후자는 일반 품목이다. 물품의 성격 및 획득 방법 등은 두 범주(동물, 식물)로 나누어 다음과 같이 설명된다.

---

[83] 원래 '大風子油'였던 것을 金榮華가 이렇게 고쳤다. 레흐엉, 夏鼐의 본이나 '사고전서본', '고금설해본' 모두 '大風子油'로 두었다. 뻴리오도 마찬가지이다. 그러나 이 산물을 기름이 아니라 기름을 짜는 씨앗으로 보는 것이 합당할 수도 있겠다. 뒤에 나오는 주달관의 구체적인 설명을 보면 이 심증은 더 굳어진다. 그래서 나는 金榮華의 수정을 좇았다.

翡翠其得也頗難. 蓋叢林中有池, 池中有魚,
비취기득야파난 개총림중유지 지중유어

翡翠自林中飛出求魚, 番人以樹葉蔽身而坐水濱,
비취자림중비출구어 번인이수엽폐신이좌수빈

籠一雌以誘之, 手持小網, 伺其來, 則罩之.
롱일자이유지 수지소망 사기래 즉조지

有一日獲三五隻, 有終日全不得者.
유일일획삼오척 유종일전부득자

비취는 얻기가 자못 어렵다. 대개 수풀 속에 연못이 있고 연못 속에 물고기가 있으면 비취가 수풀 속에서 날아 나와 물고기를 찾는다. 번인은 나뭇잎으로 몸을 가리고 물가에 앉아서 암컷을 한 마리 새장에 집어넣어 그놈[수놈]을 유인한다. 손에 조그만 망을 들고 있다가 오는 것을 엿보아 그놈을 망으로 잡는다. 하루에 3~5마리를 잡기도 하고 하루종일 한 마리도 못 잡을 때가 있다.

흔히 경옥(硬玉)을 비취라 하는 고로 사람들은 비취가 옥의 한 종류인 것으로만 생각하는 경향이 있다. 그러나 원래 비취란 비취새(혹은 물총새, kingfishers)의 깃털을 가리킨다. 비취라는 글자의 모양을 보아도 '비'나 '취'나 모두 '깃 우(羽)' 자를 갖고 있지 않은가. 비취옥은 색이 비취새 깃털색과 비슷해서 붙여진 이름일 뿐이다. 나뭇잎으로 몸을 가리고 쭈그리고 앉아서 비취새를 잡는 현지인의 모습이 섬세하게 묘사되어 있다.

> 象牙則山僻人家有之. 每一象死, 方有二牙,
> 舊傳謂每歲一換牙者, 非也. 其牙以標而殺之者爲上,
> 自死而隨時爲人所取者次之, 死于山中多年者,
> 斯爲下矣.
>
> 상아는 깊은 산 속에 사는 사람들이 채취한다. 코끼리 한 마리가 죽으면 어금니 두 개를 얻는다. 예부터 전해 이르는 바 매해 한 번 어금니를 간다는 것은 [사실이] 아니다. 창으로 잡아 죽여 [얻은] 상아를 상품으로 치며 스스로 죽어 수시로 사람들에 의해 [발견되어] 얻어지는 것이 그 다음이며 산중에서 죽은 지 수년이 되는 것을 하품으로 친다.

상아는 산 속에서 사는 사람들이 채취한다 하였는데, 산 속에 사는 사람은 곧 주달관이 말한 바 '야인'이다. 이런 사정은 동남아시아 어디에서고 마찬가지이다. 평지에 사는 사람은 주로 논농사에 종사하고 수렵이나 임산물 채취는 산지 소수 민족들의 몫이다. 상아를 채취하는 일뿐만 아니라 코끼리를 잡아 길들여 평지인에게 공급하는 일도 이들이 담당하는 경우가 많다. 이들은 훌륭한 사냥꾼이며 유능한 코끼리 조련사였다. 현재도 그렇다.

> 黃臘出於村落朽樹間. 其一種細腰蜂如螻蟻者,
> 황 랍 출 어 촌 락 후 수 간   기 일 종 세 요 봉 여 루 희 자
> 番人取而得之. 每一船可收二三千塊,
> 번 인 취 이 득 지   매 일 선 가 수 이 삼 천 괴
> 每塊大者重三四十斤, 小者亦不下十八九斤.
> 매 괴 대 자 중 삼 사 십 근   소 자 역 불 하 십 팔 구 근
>
> 황랍은 촌락의 썩은 나무 사이에서 난다. 땅강아지를 닮은 허리가 가는 종류의 벌이 있는데 번인은 [이 벌을] 취하여 그것을 [황랍을] 얻는다. 배 한 척 당 2000~3000덩어리를 수집할 수 있으며 매 덩어리 당 큰 것은 무게가 30~40근이고 작은 것이라 할지라도 18~19근 아래로 내려가지 않는다.

초(燭)의 원료가 되는 밀랍(蜜蠟, wax)은 벌이 만든다. 밀랍은 벌꿀을 보호하는 일종의 틀이다. 벌집을 채취해 꿀을 내리고 나면 밀랍이 남는다. 황랍이란 색이 누른 고급 밀랍이다. 이 밀랍은 땅강아지처럼 생긴 큰 벌이 생산한단다. 썩은 나무 사이에 집을 짓고 꿀을 만들면 사람들은 연기 같은 것을 피워서 벌을 쫓은 후 꿀과 황랍을 채취한다.

배 한 척 당 수집할 수 있는 수량이 나오는데 뜬금없다. 배도 종류가 여러 가지일 것이고 배 척수(尺數)도 다양할 터인데 도대체 배 한 척당 실을 수 있는 황랍 적재량이 무슨 의미가 있다는 말인가? 또한 배 한 척당 이삼천 덩어리를 채취한다는데 한 덩어리가 "작은 것이라도 18~19근"이라면 작은 것을 이천 덩어리만 실어도 한 근을 100g이라고만 잡는다 해도 4톤에 가깝다는 말이니 강물을 떠다니는 배가 실을 수 있는 무게로는 과도하다. 그래서 혹자는 주달관 기록 중의 '배

(船)'가 '촌(村)'을 잘못 쓴 것 아닐까 여기기도 한다.[84] 맨 앞에 황랍이 촌락의 썩은 나무 사이에서 난다고 했으니 촌락 단위의 생산량을 이야기하는 것으로 보는 것이 수미상응한다. 그러나 '船'과 '村'은 글자 모양이 너무 달라서 오기의 가능성은 없다.

그보다는 '船'의 쓰임새를 궁구해 볼 필요가 있다. 종종 물이 많고 배가 많은 지역에서는 '船'이 촌락을 의미하기도 했다. 특히 19세기 메콩 델타에서 '船'은 장인 집단 촌락을 지칭하기도 했단다.[85] 베트남 측 자료에는 더 구체적인 사례가 나온다. 1622년에 베트남 중부 라오스와의 접경 지대에 새로운 영채를 설치하고 "백성을 모아 여섯 개 선(六船)의 병사로 만들어 이곳을 지키게 했다"[86]는 기록이 있는데, 여기서 '船'이란 모은 백성을 묶는 단위였다. 이렇게 묶인 백성은 가족과 함께 살면서 농사도 짓고 병사로 근무도 하게 되는 것이니 '船'이란 촌락의 성격도 가질 수 있었다. 1731년 사이공 근처에서 시행된 다음과 같은 규정도 주목할 만하다. 이 해에 조정에서는 "오칠(烏漆) 11船을 두었다"고 하는데, 이곳 지역에 칠이 많이 생산되니 500인을 모아 11船을 만들어 매년 한 사람 당 16근을 납부하게 해서 6,528근을 얻었다는 내용이다.[87] 이 경우 '한 사람'으로 표현되는 각 선의 장정은 40~50명 정도일 것이고 그에 딸린 가족을 고려하면 한 개 船이란 100~200명으로 이루어진 집단이었다. 이들이 한데 거주하는 가운데 정글에서 오칠을 수집하고 농사일, 고기잡이 등도 행해질 것이니

---

84 金榮華, pp. 84-86; 和田久德, p. 121.
85 *Nguyễn Đình Đầu, Nghiên Cứu Địa Bạ Triều Nguyễn, Vĩnh Long* (응우옌 왕조기 지부 地簿 연구, 빈롱), (Ho Chi Minh: Nxb. Thành Phố Hồ Chí Minh, 1994), p. 20.
86 『大南寔錄前編』(1844, 東京: 慶應義塾大學語學研究所, 1961) 卷2:6b.
87 앞의 책, 卷9:7a.

20. 출산(出產) 173

그들 거주지는 결국 한 개의 촌락이 되는 것이다. 필리핀에서는 촌락을 '바랑가이(barangay)'라고 부르는데 바랑가이는 '배'를 의미한다. 고대 말레이인이 필리핀으로 이주했을 때 한 배를 타고 간 사람들이 한 개의 촌락을 만들었기 때문에 생긴 말이다. 13세기 말 캄보디아 수도가 물의 도시였음을 감안한다면 배를 뜻하는 글자가 촌락을 의미했을 가능성이 충분하다.

> 犀角白而帶花者爲上, 黑而無花者爲下.
> 서 각 백 이 대 화 자 위 상   흑 이 무 화 자 위 하
>
> 코뿔소 뿔은 희면서 꽃무늬를 띤 것을 상품으로 치며 검고 꽃무늬가 없는 것은 하품이다.

코뿔소 뿔은 동남아시아에서 고루 생산된다. 아울러 중국과의 공식적인 교류에서 필수적인 선물이기도 했다. 귀한 약재로 사용되었다.

> 降眞生叢林中. 番人頗費砍斫之勞, 蓋此乃樹之心耳.
> 강진생총림중 번인파비혼척지로 개차내수지심이
> 其外白, 木可厚八九寸, 小者亦不下四五寸.
> 기 외백 목가후팔구촌 소자역불하사오촌
>
> 강진은 울창한 숲속에서 생산된다. 번인은 자못 [나무를] 쪼개내는 수고를 들이는데 대개 그것은 나무의 속일 뿐이기 때문이다. 바깥은 흰색으로서 나무의 두께가 8~9촌은 되며 작은 것도 역시 4~5촌 아래로 내려가지 않는다.

강진은 실체가 불분명하다. 한 나라의 특산품이라면 외국에 보내는 귀중품 목록에 들어갈 가능성이 높다. 캄보디아는 18세기부터 베트남에 조공을 바치는데 상아, 두구, 코뿔소 뿔 등은 조공 목록에서 쉽게 발견된다. 그러나 나는 '강진'이란 항목을 본 적이 없다. 金榮華는 침묵하고 있고, 和田久德은 '향의 일종'이라고 간단히 처리했다. 뻴리오는 laka-wood라 했지만[88] 무엇을 지칭하는 것인지 모르겠다. 해리스는 rosewood라 했는데 자단(紫檀)으로 번역되는 고급 목재가 아니라 약재로 사용되며 나무 안에서 추출되는 것임을 적시하고 있다. 아울러 그는 laka-wood가 곧 rosewood로 강진향의 영어 번역어라고 말한다.[89] 夏鼐는 『본초강목(本草綱目)』에 나오는 강향(降香)이 강진향의 약칭이라 주장하고 있다.[90]

夏鼐의 조사를 참고한다면 혹 주달관이 얘기하는 강진은 침향(沈

---

88 Pelliot(1951), p. 26; Pelliot(1993), p. 41.
89 Harris, p. 118.
90 夏鼐, p. 144.

香, eagle-wood)이 아닌지도 모르겠다. 그는 강진과 침향이 같은 나무에서 난다는 사실을 알아냈다.[91] 그렇다면 주달관은 침향을 강진이라 적고 있는 것이 아닌가 한다. 그의 묘사 즉 강진은 '나무 속'이며 강진을 싸고 있는 '바깥 [나무]은 흰색'이라는 것은 더도 덜도 아닌 침향의 모습이기 때문이다. 캄보디아에서 베트남에 보내온 조공품 목록에는 침향이 없지만 이는 베트남이 이미 최고급 침향 생산국이었던 까닭이다. 베트남이 중국에 보내온 조공품목에는 침향이 포함된다. 반면 강진은 없다.

荳蔲皆野人山上所種.
두 구 개 야 인 산 상 소 종

두구는 모두 야인들이 산 위에 심은 것이다.

두구는 백두구(白荳蔲, cardamom)를 의미한다. 육두구(肉荳蔲, nutmeg)는 인도네시아 동북부 향료제도에서만 생산되었다. 육두구는 향료로서의 기능이 크고 백두구는 약재이다. 19세기까지 백두구는 캄보디아 왕실 독점 품목이었다. 야인이 두구를 키운다는 말은 '야인' 조에서 나온 바 있다.

---

91 앞과 같음.

> 畫黃乃一等樹間之脂. 番人預先一年, 以刀斫樹,
> 화황내일등수간지지 번인예선일년 이도작수
> 滴瀝其脂, 至次年而始收.
> 적력기지 지차년이시수
>
> 화황은 어떤 나무 안에서 나오는 진이다. 번인은 미리 일 년 전에 칼로써 흠집을 내 그 진을 방울방울 떨어뜨린다. 다음 해에 이르러 거둔다.

　나무에 상처를 내면 진이 나와 쌓이다가 적당한 크기로 굳을 것이다. 이것을 화황이라 하는데, 그림을 그리는 안료로 쓰이기 때문에 '그림 화(畵)'를 붙인 이름을 얻은 것 같다. 정식 이름은 등황(藤黃, gamboge)이다.

> 紫梗生于一等樹枝間, 正如桑寄生之狀, 亦頗難得.
> 자 경 생 우 일 등 수 지 간 정 여 상 기 생 지 상 역 파 난 득
>
> 자경은 어떤 나뭇가지 사이에서 자라는데 뽕나무 겨우살이의 생김새와 똑같다. 역시 구하기가 매우 어렵다.

자경은 교충(膠蟲)이라고 하는 곤충이 분비하는 끈적한 액체로서 약용 또는 적색 염료로 쓰인다고 한다. 교충은 나무의 양분을 먹으며 생산해 내는 분비물을 뒤집어 쓰면서 성장하기 때문에 모양이 마치 뽕 기생목 같은 것이다.[92]

> 大風油子乃大樹之子, 狀如椰子而圓, 中有子數十枚.
> 대 풍 유 자 내 대 수 지 자 상 여 야 자 이 원 중 유 자 수 십 매
>
> 대풍유자는 큰 나무 열매로서 모양은 야자와 닮아 둥글고 속에 씨앗이 수십 개 있다.

夏鼐의 조사에 의하면, '대풍자'에서 뽑은 기름을 약으로 쓰는데 풍중 및 피부병을 고친다고 한다.[93] '대풍유자'와 '대풍자'는 한가지라고 생각된다.

---

92 金榮華, p. 83; 和田久德, p. 120.
93 夏鼐, pp. 145-146.

> 胡椒間亦有之. 纏藤而生, 纍纍如綠草子.
> 호 초 간 역 유 지 전 등 이 생 루 루 여 녹 초 자
> 其生而靑者更辣.
> 기 생 이 청 자 경 랄
>
> 후추도 간혹 있다. 넝쿨을 지어 자란다. 오글오글 매달린 것이 [모양은] 녹색 풀씨 같다. 만약 생것으로서 짙푸른 색을 띤 것이라면 더욱 맵다.

지금은 베트남 땅이 되었지만 과거 캄보디아 영역이었던 인도차이나 반도 서남부의 하띠엔(Hà Tiên)이란 곳은 후추의 산지로 유명하다. 이곳과 인접한 캄보디아의 깜뽓(Kampot) 주에서 생산되는 후추도 세계 시장에 잘 알려져 있다.

21. 무역(貿易)

國中賣買, 皆婦人能之. 所以唐人到彼,
국중매매 개부인능지 소이당인도피
必先納一婦者, 兼亦利其能賣買故也. 每日一墟,
필선납일부자 겸역리기능매매고야 매일일허
自卯至午卽罷. 無居鋪, 但以蓬席之類鋪于地間,
자묘지오즉파 무거포 단이봉석지류포우지간
各有常處, 聞亦納官司賃地錢.
각유상처 문역납관사임지전
小交關則用米穀及唐貨, 次則用布, 若乃大交關,
소교관즉용미곡급당화 차즉용포 약내대교관
則用金銀矣.
즉용금은의

나라 안의 장사는 모두 여성들이[라야] 능히 그것을 할 수 있다. 중국인이 이곳에 오면 반드시 먼저 여성 하나를 들이는 것은 그 [여성이] 능히 매매함을 이용하고자 하기 때문이기도 하다. 시장은 매일 묘시 [5~7시]로부터 [시작해서] 오시 [11~1시]면 파한다. 고정된 점포가 없이 단지 가마니 같은 것을 땅바닥에 깔며, 지정된 장소가 있는데 관청에 자릿세를 낸다고 한다. 작은 거래에는 미곡 및 중국 물건을 사용하고 그 다음은 천을 쓰며 만약 큰 거래라면 금은을 사용한다.

동남아시아에서 시장은 여성들의 세상이다. 시장과 관련된 경제 활동 즉 물물 교환에서 대외 교역에 이르기까지 전통적으로 여성은 경제 활동에 적극적이었다. 이는 현재도 마찬가지이다. 일부 국가에서는 이슬람교의 영향으로 여성의 경제 활동이 크게 위축되었고 중국인 및 인도인 남성에 의해 교역의 장에서 여성의 지분이 많이 잠식당했지만 여성의 활발한 경제활동 전통은 아직도 동남아시아에서 굳건하다. 과거 교역을 하기 위해 찾아온 외국인 남성에게 동남아시아 현지 여성의 도움은 필수적이었다. 여성의 도움 없이 외국인이 현지의 경제 써클 안으로 들어가기는 불가능했다.

시장이 이른 새벽에 열리고 정오 무렵 파하는 것은 자연스럽다. 시원한 시간에 거래를 끝내고 더위가 기승을 부릴 때는 쉬어야 하기 때문이다. 더군다나 우기 때는 오후에 비가 내리니 파는 사람이나 사는 사람이나 장에 나가기를 꺼리기 마련이다.

교역에는 미곡, 수입물품, 천, 금은 등이 사용되었다고 한다. 작은 거래에는 미곡이, 큰 거래에는 금은이 사용되는 것은 어디에서나 보편적인 현상이지만 중국으로부터 수입된 물건 즉 '당화(唐貨)'가 결재 수단으로 이용되었음은 특이하다. 어떤 물건들이 중국에서 수입되었는지는 다음 장에 나온다.

往年土人最朴. 見唐人頗加敬畏, 呼之爲佛,
왕년토인최박　견당인파가경외　호지위불
見則伏地頂禮. 近亦有脫騙欺負唐人者矣.
견즉복지정례　근역유탈편기부당인자의
由去人之多故也.
유거인지다고야

예전에 토인은 모두 순박했다. 중국인을 보면 자못 공경하고 두려워하여 부처님이라 불렀고 만나면 땅에 엎드려 머리를 조아렸다. 근래에는 중국인을 속이고 배반하는 자도 있다. 오는 사람이 많아졌기 때문이다.

    옛적에는 중국인이 부처님이라 불려지던 호시절이 있었다고는 하지만 주달관이 그 때를 살아봤을 리 없으니 들은 이야기일 것이다. 그것도 중국인으로부터. 그러니 이 기사의 앞부분은 신뢰하기 힘들다. 더군다나 야인과 교접하는 일이나 이형인과의 관계, 똥거름 사용, 측간에서 뒤처리 하는 방법 등으로 인한 현지인의 중국인에 대한 혐오감을 고려해 본다면 '부처님' 운운은 근거가 없어 보인다.
    중국인을 속이고 배반하는 자도 있다고 하는 당시의 현실은 믿을 만하다. 굳이 캄보디아가 아니더라도 어느 곳에서나 있을 수 있는 현상이니 말이다. 주달관은 줄곧 캄보디아 사회 내에서의 현지인과 중국인 사이의 미묘한 갈등을 기막히게 포착하고 있다.
    중국인의 이야기가 '무역' 조에 있음을 주목하자. 무역에는 중국인이 많이 간여하고 있었기 때문이다.

22. 욕득당화(欲得唐貨)

其地想不出金銀. 以唐人金銀爲第一,
五色輕縑帛次之. 其次如眞州之錫鑞, 溫州之漆盤,
泉處之靑瓷器, 及水銀銀硃紙箚硫黃焰硝檀香草芎
白芷麝香麻布黃草布雨傘鐵鍋銅盤水珠桐油篦箆
木梳針, 其麤重則如明州之蓆. 甚欲得者則菽麥也,
然不可將去耳.

이 땅에서는 금은이 나지 않는 것 같다. 중국인[이 가져오는] 금은을 제일로 치며 오색의 가벼운 합사 비단이 그 다음이다. 그 다음으로 진주[94]의 주석, 온주[95]의 칠 쟁반, 천주[96] 및 처주[97]의 청자, 내지 수은, 은주, 지차,[98] 유황, 염초, 단향, 초궁, 백지, 사향, 마포, 황초 포, 우산, 무쇠 솥, 구리 쟁반, 수주, 동유, 비기, 나무 빗, 바늘 같은 것들이 있고 거칠고 무거운 품목으로

---

94 강소성 소재.
95 절강성 소재.
96 복건성 소재.
97 절강성 소재.
98 필기용 종이 묶음(?).

> 는 명주의 돗자리 같은 것이 있다. [그들이] 매우 얻고자 하는
> 것은 콩과 밀이지만 가지고 갈 수가 없을 따름이다.

중국으로부터 들어오던 다양한 물품이 소개되고 있다. 당시 캄보디아에서 금이 산출되었는지 아닌지는 확인이 불가하지만 금의 공급을 전적으로 중국인에 의존한 것은 아니었다. 설사 금이 산출되지 않았다 해도 주변 국가들과의 조공관계나 무역, 전쟁을 통해서 금은 얼마든지 공급되었다. 그러나 푸난 시절부터 금 세공이 발전했고 13세기 당시에도 여러 건축물을 금으로 장식하던 관행을 고려한다면 금이 산출되지 않았을 것이라는 추측은 지나치다. 중국 역대 왕조는 금은의 해외 반출을 엄금했으며 당시 원조에서도 예외는 아니었으나 중국인에 의해서 들어오는 금이 모두 밀수품이었다고는 할 수 없겠다. 중국인 교역상들의 활동 반경이 중국과 캄보디아 양국 사이에만 머물러 있지는 않았을 것이니 말이다. 이미 중국인이 베트남, 참파, 태국, 버마, 말레이, 인도네시아 등 동남아시아 각지를 돌아다니며 무역하고 있었다는 사실을 기억할 필요가 있다. 이들의 교역망은 고려와도 연계되어 있었을 것이다. 동아시아 바다를 누비던 중국 청자가 캄보디아로도 팔려갔고 중국의 단골 수출 품목인 비단도 캄보디아인 사이에 인기가 높았다. 앞서 '복식' 조에서는 사람들이 입는 옷감의 수입처로 태국이나 인도를 꼽았는데 두툼한 중국제 합사 비단은 옷감보다는 커튼 등의 장식용으로 수요가 있었던 듯하다. 유황과 염초 등 화약의 원료가 눈길을 끈다. 은주, 수주, 비기 등 현재로서는 정확한 용도를 잘 모르겠는 몇 가지를 빼고 대부분은 지금도 우리가 접할 수 있는 중국의 약재 및 생활 용품이다.

23. 초목(草木)

惟石榴甘蔗荷花蓮藕羊桃蕉芎, 如中國同.
유 석류 감자 하 화 연 우 양 도 초 궁   여 중국 동

荔枝橘子, 狀雖同而味酸. 其餘皆中國所未曾見.
여지 귤 자   상 수 동 이 미 산   기 여 개 중국 소 미 증 견

樹木亦甚各別. 草花更多, 且香而艶.
수 목 역 심 각 별   초 화 경 다   차 향 이 염

水中之花更有多品, 皆不知其名.
수 중 지 화 경 유 다 품   개 부 지 기 명

至若桃李杏梅松柏杉檜梨棗楊柳桂蘭菊芷之類,
지 약 도 리 행 매 송 백 삼 회 리 조 양 류 계 란 국 지 지 류

皆所無也. 正月亦有荷花.
개 소 무 야   정 월 역 유 하 화

단지 석류, 사탕수수, 연꽃, 연근, 양도,[99] 바나나, 천궁은 중국 것과 같다. 여지와 오렌지는 모양이 동일하지만 맛은 시고 그 나머지는 모두 중국에서 본 적이 없다. 수목 역시 매우 다르며 풀, 꽃도 많은데 향기롭고 농염하다. 물속의 꽃도 종류가 많으나 그 이름은 하나도 모르겠다. 복숭아, 자두, 살구, 매실, 소나무, 측백, 삼나무, 편백나무, 배, 대추, 미루나무, 버들, 계피나무, 란, 국, 어수리 같은 종류는 모두 [이곳에] 없는 것들이다. 정월에도 연꽃이 있다.

---

[99] 토란(?).

한 나라 더구나 캄보디아 같은 큰 나라의 초목 물산을 1년의 체류 기간 동안 다 파악한다는 것은 불가능하다. 지역마다 물산이 다르고 맛도 다르다. 평지의 산물이 다르고 산악 지대의 산물이 다르다. 또 같은 종류의 초목이라도 모양새가 같지 않아서 알아보지 못할 수도 있다. 1년을 온전히 초목 연구에만 쏟는다고 해도 대강을 파악하기가 힘들 것이다. 주달관이 소개한 물산 중에 '있다'라든가 '보았다'는 것은 믿을 수 있다. 그러나 '없다'라는 단언은 그대로 받아들이기 곤란하다. 캄보디아에서나 중국에서나 마찬가지이다. 나이 40 안팎으로 중국 동남부 절강 태생인 주달관이 이 글을 쓰기 전 중국 전역을 다 돌아다녀 보았다거나 중국의 산물을 모두 파악하고 있었다고는 믿을 수 없다. 캄보디아의 석류나 사탕수수는 중국에서 본 것과 같았다고 하고 여지와 오렌지도 있었다고 한다. 그러나 복숭아, 매화, 살구로부터 계피나무, 란, 대추, 심지어는 소나무까지 캄보디아에는 나지 않는다고 단언하는 것은 무리이다. 예를 들어 지금은 베트남 영토가 된 사이공, 메콩 지역에서 정월 새해를 장식하는 꽃은 매화인 것을. 색이 노랗다 뿐이다.

24. 비조(飛鳥)

> 禽有孔雀翡翠鸚鵡, 乃中國所無.
> 금유공작비취앵가 내중국소무
> 餘如鷹鴉鷺鷥雀兒鸕鶿鸛鶴野鴨黃雀等物, 皆有之.
> 여여응아로사작아로자관학야압황작등물 개유지
> 所無者喜鵲鴻雁黃鶯杜宇燕鴿之屬.
> 소무자희작홍안황앵두우연합지속
>
> 날짐승으로는 공작, 비취, 잉꼬가 있는데 중국에는 없는 것들이다. 그 외 매, 큰부리까마귀, 백로, 참새, 가마우지, 황새, 두루미, 들오리, 섬참새 같은 것들은 다 있다. 없는 것은 까치, 기러기, 꾀꼬리, 두견, 제비, 비둘기 등속이다.

역시 '있는 것'과 '없는 것'을 구분하여 적고 있지만 '없다'는 말은 믿을 수 없다. '중국에는 없다'고 한 공작이나 잉꼬는 중국 서남부에, 비취는 중국 동남부 지역에 서식했음이 확인된다.[100] 메콩 델타에 비둘기도 많다. 단지 보지 못한 것도 있고 종류는 같되 크기가 달라 알아보지 못하는 것들도 있다. 특히 동식물의 한자어 이름은 현지의 실제 동물과 세세한 대조가 퍽 어렵다. 대략적 이해만으로 족하다.

---

[100] 夏鼐, p. 153.

25. 주수(走獸)

獸有犀象野牛山馬, 乃中國所無者.
수유서상야우산마 내중국소무자
其餘如虎豹熊羆野猪麋鹿䴥麂猿狐之類甚多.
기여여호표웅비야저미록장궤원호지류심다
所不見者獅子猩猩駱駝耳. 鷄鴨牛馬猪羊, 所不在論也.
소불견자사자성성낙타이 계압우마저양 소부재론야
馬甚矮小, 牛甚多, 生不敢騎, 死不敢食, 亦不敢剝其皮,
마심왜소 우심다 생불감기 사불감식 역불감박기피
聽其腐爛已而, 以其與人出力故也.但以駕車耳.
청기부란이이 이기여인출력고야 단이가거이
在先無鵝, 近有舟人自中國携去, 故得其種.
재선무아 근유주인자중국휴거 고득기종
鼠有大如猫者, 又有一等鼠, 頭腦絶類新生小狗兒.
서유대여묘자 우유일등서 두뇌절류신생소구아

길짐승으로는 코뿔소, 코끼리, 야생소, 산마가 있는데 중국에는 없는 것들이다. 그 외 호랑이, 표범, 곰, 말곰, 멧돼지, 순록, 사슴, 노루, 원숭이, 여우 같은 것은 매우 많다. 볼 수 없는 것으로는 사자, 오랑우탄, 낙타뿐이다. 닭, 오리, 소, 말, 돼지, 양은 언급할 거리에 들지도 않는다. 말은 매우 작고 소는 매우 많다. [소는] 살아서는 감히 타지 않으며 죽어서는 감히 먹지 않는다. 감히 그 가죽을 벗기지도 않고 썩기를 기다릴 뿐이니 그것들이 사람과 더불어 애쓰기 때문이다. 단지 [이놈들로] 수레를 끌게 할 뿐이다. 이전에는 거위가 없었지만 최근 뱃사람

> 들이 중국에서 가져와서 종자를 얻을 수 있었다. 쥐는 고양이
> 만큼 큰 것이 있는데 어떤 쥐는 머리가 갓 태어난 강아지하고
> 똑같이 생긴 것도 있다.

산마가 무엇인지 궁금하다. 뻴리오와 해리스는 'mountain horse (cheval de montagne)', 두 베트남 번역본에서는 'ngựa núi(山馬)'라 직역했고, 和田久德은 "不明. 산야에 있는 야생의 말일까?"라는 각주를 달았다.[101] 중국에 없다는 이 동물은 야생으로 돌아다니는 일반 말은 아닐 것이다. 주달관이 말하는 '산마'가 일반 야생마라면 그가 '산마'를 중국에는 없는 것의 범주에 넣었을 리가 없다. 金榮華와 夏鼐는 산마에 대해 침묵하고 있다.

19세기 베트남의 지리를 다루고 있는 *Đại Nam Nhất Thống Chí* (大南一統志)에서는 과거 캄보디아 영역이었던 남부 여섯 개 성(邊和省, 嘉定省, 定祥省, 永隆省, 安江省, 河僊省) 중 메콩 강에 연해 있는 정상성(定祥省, 딘뜨엉 Định Tường 성)[102]의 특산물로 '山馬'를 들고 있다. 나머지 다섯 개 성의 산물 중에는 나타나지 않고 오로지 정상성의 특산물로만 열거되는 것으로 보아 '산마'가 일반 야생마가 아님은 분명하다. 아울러 이 책에는 가정성과 영륭성의 특산물로 '산우(山牛)'가 나온다.[103] 나머지 네 개 성 특산물 목록에는 없는 동물이

---

101 Pelliot(1951), p. 28; Harris, p. 72; Lê Hương, p. 91; Hà Văn Tấn, p. 49; 和田久德, p. 124.
102 주달관이 메콩으로 들어와 거쳐 갔던 현재의 미토(Mỹ Tho)가 이 성의 성도이다.
103 *Đại Nam Nhất Thống Chí - Lục Tỉnh Nam Việt* (大南一統志-南越六省 trans. by Nguyễn Tạo/Hán Học) (Saigon: Nhà Văn Hóa Bộ Quốc Gia Giáo Dục, 1959) vol. 1, pp. 98; 132; vol. 2, p. 34.

다. 이 '산우'와 주달관의 '야우(野牛)'는 한가지일 가능성이 높다.
　소를 먹지 않았던 습속은 힌두교 및 불교와 모두 관련이 있다. 하지만 종교적 관념보다도 더 근본적으로는 주달관이 제시한 이유가 합당할지 모른다. 인간을 위해 일하는 개, 말, 소, 코끼리 등은 먹기를 꺼리는 사람이나 민족이 많다.

26. 소채(蔬菜)

蔬菜有葱芥韭茄瓜西瓜冬瓜王瓜莧菜,
소 채 유 총 개 구 가 과 서 과 동 과 왕 과 현 채
所無者蘿蔔生菜苦蕒[104]菠稜之類. 瓜茄正月卽有之,
소 무 자 나 복 생 채 고 매 파 룽 지 류 과 가 정 월 간 즉 유 지
茄樹有經年不除者. 木棉花樹高可過屋,
가 수 유 경 년 부 제 자 목 면 화 수 고 가 과 옥
有十餘年不換者. 不識名之菜甚多, 水中之菜亦多種.
유 십 여 년 불 환 자 불 식 명 지 채 심 다 수 중 지 채 역 다 종

채소로는 파, 겨자, 부추, 가과, 수박, 동아, 쥐참외, 비름이 있고, 없는 것은 무우, 상치, 고매, 시금치 등이다. 오이와 가지는 정월이 되어야 나오는데 가지나무 중에는 몇 년이 되어도 갈아엎지 않는 것이 있다. 목화나무는 높이가 집을 넘을 만하며 10여 년 동안 다시 심지 않은 것이 있다. 이름모를 채소가 매우 많으며 물속에 사는 채소 역시 종류가 많다.

목면 또는 목화는 일반적으로 일년생 풀이지만 인도차이나에는 큰 키의 목면나무가 있다. 캄보디아에서는 이것을 '다음 꼬(꼬 나무)'라 부른다. 현재 프놈펜 중심가 독립기념탑 근처에 커다란 꼬 나무가 하

---

104 金榮華의 원본에는 '풀 초' 변 아래가 '서녘 서'이나 무슨 글자인지 알 수가 없다. 오사인 듯하여 위와 같이 고친다. 레흐영, 夏鼐의 책, '사고전서본', '고금설해본' 모두 위와 같다.

나 있는데 밑둥치가 내 팔로 다섯 아름이 족히 된다. 과거 캄보디아 영토였던 현 사이공에도 이 목면나무가 많았는데 베트남 사람들은 그것을 '꺼이 곤'(cây gòn, 곤 나무)이라 부른다.[105] 일설에는 '사이곤(Sài Gòn)'이라는 단어가 '꺼이 곤'에서 온 것이라고도 한다. 과거 베트남 측에서 캄보디아를 지칭할 때 '쩐랍(眞臘)'이라고도 하고 '까오미엔(高綿)'이라고도 했다. 표기 방법으로 '高綿'을 썼음이 흥미롭다. 키 큰 솜 [나무] 즉 다음 꼬가 캄보디아의 매우 특징적인 나무로 보였기 때문이었을 것이다. 베트남인이 캄보디아인을 부를 때 '미엔'이라 하기도 한다. 뜻을 알면 나쁜 말도 아닌데 캄보디아인으로서는 별로 듣기 좋은 말이 아닌 걸로 되어 있다.

그런데 이 목면나무가 왜 '소채' 조에 들어왔을까? 주달관은 일반적인 목면 즉 아욱과의 한해살이 풀인 식물을 기준으로 목면을 이 조에 집어넣었던 것 같다. 목면씨는 식용유의 원료이다. 또 약재로도 쓰인다.

---

105 베트남에서 16세기에 나온 『전기만록(傳奇漫錄)』이라는 소설집 안에는 '목면수전(木棉樹傳)'이 있는데 여기서 나오는 목면 나무는 "수령이 백년쯤 된(已百餘年)" 것으로 묘사된다. 완서 지음, 박희병 옮김, 『베트남의 기이한 옛이야기-傳奇漫錄』(서울: 돌베개, 2000), pp. 44; 246.

27. 어룡(魚龍)
- 물속 동물들

魚鱉惟黑鯉魚有多, 其他如鯉鯽草魚亦多.
어별유흑리어유다 기타여리즉초어역다

有吐哺魚, 大者重二斤已上, 更有不識名之魚甚多.
유토포어 대자중이근이상 경유불식명지어심다

此皆淡水洋中所來者. 至若海中之魚, 色色有之.
차개담수양중소래자 지약해중지어 색색유지

鱔魚湖鰻田雞, 土人不食, 入夜則縱橫道途間.
선어호만전계 토인불식 입야즉종횡도도간

黿鼉大如合苧. 雖六藏之龜, 亦充食用. 查南之蝦,
원타대여합저 수육장지구 역충식용 사남지하

重一斤已上, 眞蒲龜脚, 可長八九寸許. 鱷魚大者如船,
중일근이상 진포구각 가장팔구촌허 악어대자여선

有四脚, 絶類龍, 特無角耳. 肚甚脆美. 蛤蜆螄螺之屬,
유사각 절류용 특무각이 두심취미 합현사라지속

淡水中可捧而得. 獨不見蟹, 想亦有之, 而人不食耳.
담수중가봉이득 독불견해 상역유지 이인불식이

수산물로는 유독 검은 잉어가 많으며 그 외 잉어, 붕어, 초어 같은 것도 역시 많다. 토포어가 있는데 큰 것은 무게가 두 근 이상이다. 이름 모를 물고기가 또 매우 많이 있다. 이는 모두 담수양[톤레삽 호수]에서 [나]오는 것들이다. 바다의 물고기로 말하자면 종류마다 다 있다. 선어, 장어, 참개구리는 토인들이 먹지 않아 밤이 되면 거리 도처에 널려 있다. 자라와 악어는 크기가 볏단만 하다. 비록 육장 거북이라도 식용으로 삼

는다. 사남의 새우는 무게가 한 근 이상이며 진포의 거북이 다
리는 길이가 가히 8, 9촌이 넘는다. 악어는 큰 것이 배만 하며
다리가 네 개 있다. 용과 똑같이 생겼지만 뿔이 없을 뿐이다.
뱃살이 매우 부드럽고 맛있다. 대합조개, 바지락, 고동, 소라
등은 담수호에서 두 손으로 훑어 얻을 수 있다. 단지 게는 보
이지 않는다. 생각건대 이 역시 있지만 사람들이 먹지 않을 뿐
인 것 같다.

톤레삽 호수는 어류의 보고이다. 크메르인을 생존하게 하고 더 나아가 앙코르 문명을 꽃피게 했던 주요 자원이다. 이 호수는 시엠립 강과 연결되고 다시 수많은 가닥의 수로가 모세혈관처럼 앙코르 지역에 퍼져 있었으니 밤에 특히 우기에는 거리 도처에 물고기들이 흩어져 있는 광경이 벌어지는 일이 가능하다.

육장(六藏)은 거북이다. 육장이란 여섯 개를 감춘다는 뜻으로서 네 발과 머리 및 꼬리 등 여섯 개를 갑 속에 감추는 거북이를 의미한다고 하니 '육장 거북이'라 함은 습관적 동어반복이다.[106]

우리는 모두 악어라고 표현하지만 구분이 있다. 크고 사나운 것은 크로커다일(crocodile)이고, 작고 온순한 것은 엘리게이터(alligator)라고 한다. 배만하다는 악어는 크로커다일이고, 볏단만 하다는 악어는 엘리게이터이다. 악어의 얼굴이 용과 똑같다고 한다. 당연하다. 용이라는 상상의 동물은 뱀과 악어가 결합되어져 만들어진 것이니 말이다. 뿔이 있는 용도 있고 없는 용도 있다. 악어고기는 먹을 만하다.

---

[106] 金榮華, p. 96.

28. 온양(醞釀)
- 술담그기

酒有四等. 第一等唐人呼爲蜜糖酒,
주유사등 제일등당인호위밀당주
用藥麴, 以蜜及水中半爲之. 其次者土人呼爲朋牙四,
용약국 이밀급수중반위지 기차자토인호위붕아사
以樹葉爲之. 朋牙四者, 乃一等樹葉之名也. 又其次,
이수엽위지 붕아사자 내일등수엽지명야 우기차
以米或以剩飯爲之, 名曰包稜角. 蓋包稜角者米也.
이미혹이잉반위지 명왈포릉각 개포릉각자미야
其下有糖鑑酒, 以糖爲之. 又入港濱水人家有茭漿酒.
기하유당감주 이당위지 우입항빈수인가유교장주
蓋有一等茭[107]葉生于水濱, 其漿可以釀酒.
개유일등교 엽생우수빈 기장가이양주

술은 네 종류가 있다. 첫 번째 것은 당인들이 밀당주라 부르는데 약 누룩을 사용하며 꿀과 물을 반씩 섞어 만든다. 그 다음 것은 토인들이 붕아사라 부르는데 나뭇잎을 사용하여 만든다. 붕아사란 어떤 나뭇잎의 이름이다.[108] 또 그 다음은 쌀 혹은 남은 밥으로써 그것을 만드니 포릉각이라 부른다. 무릇 포

---

107 茭는 야자나무의 일종이다. 기존의 역주서들에서는 이를 중국 지리서에 나오는 茭葦으로 이해하고 말레이어 kajang에서 유래한 것으로 설명하고 있다. kajang은 야자수 일종으로 술 만드는데 사용된다고 한다. 金榮華, p. 98; 和田久德, p. 127; 夏鼐, p. 160.
108 캄보디아 나무 이름. 고어 bhnās. 和田久德, p. 126. 캄보디아 번역본에는 pngias. Ly Theam Teng, p. 78.

> 릉각이란 것은 쌀이다.[109] 그 아래로 당감주가 있다. 사탕으로써 그것을 만든다. 또, [메콩] 하구에 들어섰을 때 강변 사람들에게는 교장주가 있었다. 대개 물가에서 자라는 교나무 이파리 종류가 있는데 그 액즙이 술로 발효될 수 있다.

술이 네 종류라고 했지만 맨 마지막에 추가로 교장주까지 덧붙여 총 다섯 가지 술이 소개되고 있다. 꿀로 만든 최고급 술로부터 메콩강변에 흔한 이파리로 만든 교장주까지 있다. 이 중에서 쌀로 만든 술은 동남아시아에서 흔히 볼 수 있다. 특히 베트남과 라오스의 쌀소주가 유명하다. 사탕으로 만들었다는 술은 사탕야자(sugar-palm)로 빚은 술을 의미함이다. 나는 버마의 파간(Pagan)이라는 곳을 방문했을 때 사탕야자로 만든 술을 맛본 적이 있다. 매우 향기로운 술이었다. 캄보디아에서 마셔본 사탕야자 술은 약간 시큼했다. 만들기에 따라 여러 질과 맛이 나온다는 얘기다.

---

[109] ranko 또는 ranka, 和田久德, p. 126. 캄보디아 번역본에서는 '엉꺼'라고 추정한다. Ly Theam Teng, p. 78. 엉꺼란 쌀을 의미한다.

29. 염초장국(鹽醋醬麴[110])
- 소금, 식초, 장, 누룩

醝物國中無禁. 自眞蒲巴澗濱海等處,
率皆燒滷爲之. 山間更有一等石, 味勝於鹽,
可琢以成器. 土人不能爲醋. 羹中欲酸,
則著[111]以咸平樹葉. 樹旣生莢, 則用莢, 旣生子, 則用子.
亦不識合醬, 爲無麥與豆故也. 亦不曾造麴. 蓋以蜜水
及樹葉釀酒, 所用者酒藥耳, 亦如鄕間白酒藥之狀.

짠 것[소금]은 나라 안에서 [제조를] 금함이 없다. 진포 및 파간[112] 등 바닷가 지역에서부터는 모두 짠 물을 끓여 그것[소

---

110 金榮華의 원본에는 '麺', '사고전서', '고금설해본', 레흐엉이 사용한 '고금일사본'에는 '麯'으로 되어 있다. 夏鼐는 '麯'을 '麴'으로 고쳐 놓았다. 夏鼐, p. 161. 夏鼐의 수정을 따랐다.

111 金榮華의 원본에는 '着'으로 되어 있으나 '著'로 고쳤다. '사고전서본' 및 레흐엉과 夏鼐가 사용한 '고금일사본'에는 모두 '著'로 되어 있다. 和田久德의 '고금설해본'에서는 '着'이다. Hà Văn Tấn, p. 110; Lê Hương, p. 132; 夏鼐, p. 161; 和田久德, p. 239. 金榮華는 이후 '著'를 모두 '着'으로 고쳐 놓았는데, 의미 파악이 곤란해지지 않는 한 그대로 두었다.

112 아이모니에는 이곳이 베트남의 속짱(Sóc Trăng)이나 바리에우(Bạc Liêu)일 가능성이 있다고 한 바 있다. Lê Hương, p. 94; 夏鼐, pp. 161-162. 속짱과 바리에우는 메콩 후강(後江, Lower Mekong)을 통해 앙코르 지역과 연결된다. 현재이 지역은 남부베트남의 주요 소금 생산지이다. 특히 속짱은 19세기 초반까지

> 금을 얻었다. 산중에도 어떤 종류의 돌이 있는데 [짠] 맛이 소금보다 더하다. 쪼아서 그릇을 만들 수도 있다. 토인은 식초를 만들지 못한다. 국을 새콤하게 하려면 함평 나무[113] 이파리로써 [새콤한 맛을] 나타낸다. 나무에서 이미 싹이 나왔으면 싹을 사용하고 이미 씨가 생겼으면 씨를 사용한다. 장 담그기 역시 알지 못하니 밀이며 콩이 없기 때문이다. 누룩을 만들어 본 적도 역시 없다. 대개 꿀물과 나뭇잎으로 술을 만들 때 사용하는 것은 술약뿐인데 [우리 중국] 시골에서 백주 만들 때 쓰는 약과도 같다.

중국은 역대로 소금을 국가에서 통제하고 전매해 왔기 때문에 캄보디아의 자유로운 소금 제조가 주달관에게는 생소하게 보였을 것이다. 바닷물을 끓여서 소금을 얻는 것은 가장 초보적인 소금 제조 방식이다. 암염의 존재도 확인된다. 곡류로 만든 발효 장류 대신 동남아시아에서는 생선으로 만든 장을 써 왔다. 생선과 소금을 섞어 숙성 발효시킨 것이다. 캄보디아에서는 이를 '쁘로혹'이라고 하는데 생선젓에 가깝다. 우리가 흔히 생선장(fish sauce)이라 부르는, 맑은 액체만 가려낸 생선장도 물론 있다.

캄보디아 내지로의 소금 공급지로 이름 높았다.
113 캄보디아 번역본에서는 이를 타마린드(tamarind)로 보고 있다. Ly Theam Teng, p. 57.

30. 잠상(蠶桑)
- 누에치고 뽕나무 키우기

土人皆不事蠶桑. 婦人亦不曉針線縫補之事,
토인개불사잠상 부인역불효침선봉보지사
僅能織木棉布而已. 亦不能紡, 但以手理成條.
근능직목면포이이 역불능방 단이수리성조
無機杼以織, 但以一頭縛腰, 一頭搭窓上,
무기저이직 단이일두박요 일두탑창상
梭亦止用一竹管. 近年暹人來居, 却以蠶桑爲業,
사역지용일죽관 근년섬인래거 각이잠상위업
桑種蠶種皆自暹中來. 亦無麻苧, 惟有絡麻.
상종잠종개자섬중래 역무마저 유유락마
暹人却以絲自織皁綾衣着. 暹婦却能縫補,
섬인각이사자직조릉의착 섬부각능봉보
土人打布損破, 皆倩其補之.
토인타포손파 개청기보지

토인들은 누에치고 뽕나무 키우는 일을 하지 않는다. 부인들 역시 바느질 및 옷수선을 할 줄 모르고 겨우 목면포를 짤 줄 알 뿐이다. 실을 잣을 줄도 몰라서 단지 손으로 꼬아 긴 줄을 만든다. 천을 짜는 베틀과 북이 없어 단지 [줄] 한쪽은 허리에 묶고 또 한쪽은 창문 위에 얹는데 북질 역시 대나무통 한 개만 사용할 뿐이다. 근래 샴인이 들어와 살며 오히려 누에치고 뽕나무 키우는 것을 업으로 삼으니, 뽕나무 씨와 누에 종자는 모두 샴으로부터 왔다. 베나 모시 역시 없고 오직 락마[114]만 있을

---

114 무엇을 지칭하는지 알 수 없다. 단지 식물성의 거친 천이라고만 짐작할 뿐이다.

> 뿐이다. 샴인은 [캄보디아인과는] 달리 실로 검은색 견직 옷을 스스로 짜 입는다. 샴 부녀들은 [캄보디아 여성과는] 반대로 옷수선을 할 수 있으니 토인들은 걸치는 천이 해지면 모두 그 수선을 [샴 부녀에게] 청한다.

앞서 '욕득당화' 조에서 중국으로부터의 중요한 수입품 중 하나가 바늘이었지 않은가? 캄보디아 여성이 바느질을 못한다니 납득하기 힘들다. 바느질이 복잡한 기술도 아닌데 말이다.

타이인이 누에치기 및 견직물 생산을 캄보디아에 전하고 있으며 타이 여성의 바느질 솜씨가 뛰어나다는 관찰은 매우 흥미롭기도 하고 중요한 역사 기록이기도 하다. 태국의 비단 생산은 지금도 국제적으로 명성이 매우 높다.

夏鼐는 락마가 대마를 가리키는 溫州 지방 방언이라고도 하며 '苧麻'의 오기일 수도 있다는 의견도 제시하고 있다. 夏鼐, p. 164. 그러나 바로 앞에 이미 '마(베)'가 나왔는데 다시 또 '마'라니 쉽게 납득할 수 있는 설명은 아니다.

31. 기용(器用)

尋常人家, 房舍之外, 別無卓凳盂桶之類.
심상인가 방사지외 별무탁등우통지류
但作飯則用一瓦釜, 作羹則用一瓦銚.
단작반즉용일와부 작갱즉용일와요
就地埋三石爲竈, 以椰子殼爲杓.
취지매삼석위조 이야자각위표
盛飯用中國瓦盤或銅盤, 羹則用樹葉造一小碗,
성반용중국와반혹동반 갱즉용수엽조일소완
雖盛汁亦不漏. 又以茭葉製一小杓, 用兜[115]汁入口,
수성즙역불루 우이교엽제일소표 용두 즙입구
用畢則棄之, 雖祭祀神佛亦然.
용필즉기지 수제사신불역연
又以一錫器或瓦器盛水於傍, 用以蘸手.
우이일석기혹와기성수어방 용이잠수
蓋飯祇用手拏, 其粘於手者, 非此水不能去也.
개반지용수나 기점어수자 비차수불능거야

일반 민가는 집과 방 외에 별도로 탁자, 의자 및 우통 같은 것이 없다. 단지 밥 지을 때는 질그릇 솥을 사용하고 국을 끓일 때는 질그릇 냄비를 사용한다. 땅에 돌 세 개를 묻어 부뚜막을 만들고 야자 껍질로 국자를 만든다. 밥을 담는 데는 중국의 질그릇 쟁반이나 구리 쟁반 [같은 것을 사용하며 국을 담을 것은 나

---

115 '兜'는 투구, 두건, 미혹하다 등의 뜻이 있다. 이중 혹 두 번째의 의미에서 파생된 것인지도 모르겠지만 구어체(중국어 발음 tou)에서는 자루, 봉투, 보자기 (로 싸다), 에워싸다 등의 의미로도 사용된다.

> 뭇잎을 사용하여 작은 그릇을 만드는데 국물을 담아도 새지 아니한다. 또한 교나무 이파리로 조그만 국자를 만들어 국물을 떠 입에 넣는 데 사용한다. 쓰고나면 버린다. 신이나 부처에 제사 지낸다 할지라도 역시 이와 같다. 주석 그릇이나 질그릇에 물을 채워 옆에 두고 손을 담그는 데 쓴다. 대개 밥은 단지 손을 써 집으니 손에 붙는 것은 이 물이 없으면 제거하지 못한다.

'우통(盂桶)'이 무엇인지 모르겠다. 한자의 뜻만 놓고 보자면 어떤 그릇이나 통인 것 같은데 왜 이 물건이 책상이나 걸상처럼 방에서 필요한 도구가 되는 것인지는 짐작이 되지 않는다. 주달관이 중국의 일반적 가정에서 사용되는 생활 용품을 기준으로 캄보디아의 그것들과 비교해 본 것일텐데. 뒤의 '조욕' 조에 나오는 '우통' 즉 목욕 물통 같은 것을 의미함인지….

음식을 손으로 집어 먹는 식습관은 동서양을 막론하고 세계적으로도 매우 보편적이었다. 13세기 때라면 전 세계에서 중국, 일본, 한국, 베트남 네 나라 사람들만 식사 시 음식을 손으로 집지 않았다고 보면 될 것이다.

飮酒則用鑞器,可盛三四盞許, 其名爲蛤.
음 주 즉 용 랍 기 가 성 삼 사 잔 허   기 명 위 합
盛酒則用鑞注子,貧人則用瓦缽子. 若府第富室,
성 주 즉 용 랍 주 자 빈 인 즉 용 와 발 자   약 부 제 부 실
則一一用銀,至有用金者. 國主處多用金器,
즉 일 일 용 은 지 유 용 금 자   국 주 처 다 용 금 기
制度形狀又別.
제 도 형 상 우 별

술을 마실 때는 백랍[116] 그릇을 사용한다. 서너 잔 정도를 채울 수 있으며 합이라 부른다. 술을 담는 데는 백랍 주전자를 사용한다. 가난한 자는 질그릇을 사용한다. 관청이나 부잣집에서는 모든 것에 은을 쓰며 금을 사용하는 경우도 있다. 국주가 있는 곳에서는 금 그릇을 많이 사용한다. 만드는 법식이나 생김새 또한 다르다.

캄보디아인이 술 마실 때 사용하는 잔이 커서 그 안에 들어가는 술양이 중국식 술잔으로 치자면 서너 잔에 해당된다는 말이다. 중국의 백주는 술이 독해서 잔이 작고 꿀이나 사탕야자 등으로 담그는 술은 마시기가 부드러워서 잔이 커도 좋은 것인가? 아니면 중국에 비해 큰 술잔을 쓰는 것이 캄보디아인의 전통인가? 베트남 북부 홍하 델타나 남부 메콩 델타에서는 모두 쌀로 만든 40도 이상의 소주를 마시지만 술잔 크기의 차이가 지금 주달관이 말하는 딱 이만큼이다. 북부의 잔은 크기가 중국 술잔만 한데 비해 남부 술잔은 그 서너 배이다. 혹 메콩 델타의 '큰 술잔'은 캄보디아의 영향이 아닐는지.

---

116 납과 주석의 합금.

> 地下所鋪者, 明州之草席, 或有鋪虎豹麂鹿等皮及籐
> 지 하 소 포 자   명 주 지 초 석   혹 유 포 호 표 궤 록 등 피 급 등
> 簟者. 近新置矮卓, 高尺許.
> 점 자   근 신 치 왜 탁   고 척 허
>
> 바닥에 까는 것은 명주의 돗자리인데 혹 호랑이, 표범, 노루, 사슴 등의 가죽 및 등나무, 대나무 자리를 깔기도 한다. 근래에는 새로이 낮은 탁자도 놓기 시작했으니 높이가 1척 정도이다.

주상가옥에서 살다 보면 바닥에 까는 돗자리는 필수품이다. 밤에나 비가 올 때에는 한기가 꽤 올라오기 때문에 나무 바닥에 그냥 앉거나 눕기가 불편하다. 당시 캄보디아에서 중국 절강성 명주산 돗자리가 많이 사용되었던가 보다. 그러나 명주산 돗자리를 맨 앞에 넣을 정도로 대다수 사람이 이 외국 상품을 사용했을지는 의문이다. 어떤 형태이든 토착의 자리가 있지 않았을까? 주달관이 명주 돗자리 뒤에 소개하는 등나무·대나무 자리 같은 것이나 또는 그와 비슷하게 보이는 풀잎 돗자리도 사용되었을 것이다. 단지, 명주산 돗자리가 많이 사용되었다는 사실은 흥미롭다. 캄보디아-중국 간 교역이 그만큼 활발했다는 얘기니까 말이다.

睡只竹席, 臥於板. 近又用矮牀者, 往往皆唐人制作也.
_{수 지 죽 석   와 어 판   근 우 용 왜 상 자   왕 왕 개 당 인 제 작 야}
食品用布罩. 夜多蚊子, 亦用布罩. 國主內中,
_{식 품 용 포 조   야 다 문 자   역 용 포 조   국 주 내 중}
以銷金縑帛爲之, 皆舶商所饋也.
_{이 소 금 겸 백 위 지   개 박 상 소 궤 야}

잠은 단지 대나무 자리에서 자며 마루판 위에 눕는다. 근래에는 낮은 침상을 사용하는 자도 있는데 왕왕 모두 당인이 만든 것이다. 식품은 [보관을 위해] 천으로 만든 가리[117]를 사용한다. 밤에 모기가 많으니 역시 천으로 된 가리[118]를 사용한다. 국주[가 거처하는] 안에서는 금박을 입힌 합사 비단으로 그것[모기장]을 만드니 모두가 무역상이 바친 것들이다.

이들이 거주하는 주상가옥의 바닥은 나무 널빤지이다. 그 위에 자리를 깔고 누워 잤다. 지금도 마찬가지이다. 간혹 침상을 사용하는 경우가 있는 것도 그렇다. 전통적 주상가옥에서 일반인에게 침상은 별 소용이 없다. 옥상옥일 뿐이다. 모기장은 13세기에도 요긴한 생활용품이었다.

117　물고기 잡을 때 쓰는 통발 같은 것.
118　여기서는 모기장을 의미함이다.

> 稻子不用礱磨, 但用杵臼耳.
> 도 자 불 용 롱 마 단 용 저 구 이
>
> 벼 알갱이는 맷돌을 써 갈지 않고 단지 절구를 쓸 뿐이다.

벼껍질을 벗기는 방법으로 절구질만이 사용되었다고 한다. 소로 끄는 큰 맷돌을 사용한다면 그 일은 남성이 맡겠지만 절구질은 여성의 일이다. 파종으로부터 시작해서 쌀을 만들어 내기까지의 모든 과정이 여성의 몫이라는 얘기이다.

32. 거교(車轎)
- 수레와 가마

轎之制, 以一木屈其中, 兩頭竪起,
교 지 제 이 일 목 굴 기 중 양 두 수 기
雕刻花樣, 以金銀裏之, 所謂金銀轎杠者此也.
조 각 화 양 이 금 은 리 지 소 위 금 은 교 강 자 차 야
每頭三尺之內釘一鉤子, 以大布一條厚摺,
매 두 삼 척 지 내 정 일 구 자 이 대 포 일 조 후 접
用繩繫於兩頭鉤中, 人坐于布內, 以兩人擡之.
용 승 계 어 량 두 구 중 인 좌 우 포 내 이 양 인 대 지
轎外又加一物, 如船篷而更闊, 飾以五色縑帛,
교 외 우 가 일 물 여 선 봉 이 경 활 식 이 오 색 겸 백
四人扛之, 隨轎而走.
사 인 강 지 수 교 이 주

가마의 제작법은 나무 하나를 갖고서 가운데를 구부리고 양쪽 머리는 곧게 세우며 꽃모양을 조각하고 금은으로 그것을 싸니 이른바 금은으로 된 가마 멜대라는 것이 이것이다. 각 머리 3척 내에 쇠고리 하나를 박고 커다란 천 하나를 두껍게 접어서 끈으로 양쪽 머리의 쇠고리 안에 묶는다. 사람은 그 천 안에 앉고 두 사람이 그것을[가마] 든다. 가마 외에 또 하나의 물건이 추가되는데 배를 덮은 가리개와 유사하나 더 넓으며 오색의 합사 비단으로 장식한다. 네 명이 그것을 멘 채 가마를 모시고 달린다.

가마의 모양새를 자세히 설명하고 있다. 그러나 다소 복잡하다. 번역에도 애를 먹게 한다. 수레에 대한 기술은 뒤에서 간단하게 처리하고 우선 가마 묘사에 대부분의 지면을 할애한 이유는 무엇일까? 캄보디아 수도에서 주달관이 수레보다는 가마를 더 많이 보았기 때문이다. 각 귀족, 고관이 주로 이용하던 것이 가마였다. 앞서 '관속' 조에서 관리가 출입할 때 타는 가마의 금은 도장이나 일산의 개수 및 장식 등을 자세히 논한 적이 있다.

> 若遠行, 亦有騎象騎馬者, 亦有用車者. 車之制,
> 약 원행   역 유 기 상 기 마 자   역 유 용 거 자   거 지 제
> 却與他地一般. 馬無鞍, 象却有凳可坐.
> 각 여 타 지 일 반   마 무 안   상 각 유 등 가 좌
>
> 만약 멀리 갈 때는 코끼리나 말을 타는 자도 있으며 수레를 이용하는 사람도 있다. 수레의 제작법은 [가마의 경우와는] 반대로 다른 데서와 마찬가지이다. 말은 안장이 없으나 코끼리는 오히려 의자가 있어서 앉을 수 있다.

관리들이 먼 길을 여행할 때는 말보다 코끼리가 훨씬 유용하다. 코끼리 등에 편히 앉아 갈 수 있도록 의자를 놓을 수 있고 일산을 세워 뜨거운 햇빛을 피할 수 있었다.

33. 주즙(舟楫)
- 배와 노

巨舟以硬樹破板爲之. 匠者無鋸, 但以斧鑿之,
開成板, 旣費木, 且費工, 甚拙也. 凡要木成段,
亦只以鑿鑿斷, 起屋亦然. 船亦用鐵釘, 上以茭葉蓋覆,
却以檳榔木破片壓之. 此船名爲新拏, 用櫂. 所粘之油,
魚油也. 所和之灰, 石灰也. 小舟, 却以一巨木鑿成槽,
以火熏軟, 用木撑開, 腹大兩頭尖, 無篷, 可載數人,
止以櫂划之, 名爲皮蘭.

큰 배는 단단한 나무를 쪼갠 판으로 만든다. 장인은 톱이 없다. 단지 도끼로 그것을[나무를] 찍고 열어서 판을 만든다. 나무를 낭비하는 데다가 힘도 더 드니 매우 졸렬하다. 무릇 나무를 조각내고자 할 때는 단지 끌로 파 떼어 내며 집을 올릴 때도 그러하다. 배는 [이들도] 역시 쇠못을 사용하며 위는 교나무 이파리로 지붕을 덮고는 빈랑나무 조각으로 눌러 놓는다. 이런 배를 일러 신나[119]라고 하며 노를 사용한다. [배에] 바르는 기름은 물고기 기름이다. [기름과] 섞는 재는 석회이다. 작은

---
119 주 121 참조.

> 배는 [앞서 소개한 바와] 달리 큰 나무 하나를 파내 여물통같이 만들고 불로 그슬려 연하게 한 뒤 나무를 이용해 벌려 벌리면 중간 부분은 크고 양쪽 머리는 뾰족하다. 가리개는 없다.[120] 수 명을 태울 수 있다. 노로 그것을 미는데 그친다. 이름하여 피란[121]이라 한다.

큰 배와 작은 배 두 종류의 배가 소개된다. 그런데 둘 다 노를 사용하는 배일 뿐 주달관은 돛을 단 범선의 존재는 언급하지 않는다. 해양활동에는 능하지 않은 크메르인이라 큰 범선은 발전시키지 못했던가?

큰 나무 하나를 통째로 써서 배 하나를 만드는 기술은 재질이 단단하고 키가 큰 나무가 흔한 동남아시아에서 매우 널리 퍼져 있다. 이런 배를 일러 한자어로 '독목주(獨木舟)'라 한다. 동남아시아 도처의 고고 발굴지에서는 종종 천 년이 훨씬 넘은 이런 통나무배가 발견된다.

---

120 '篷'을 '돛'으로 번역할 수도 있겠다. 『고려도경』에도 이 글자가 나오는데 '돛'의 의미로 사용되었다(p. 417). 『고려도경』에 등장하는 큰 해양선을 설명함에 '篷'을 '돛'을 의미하는 글자로 번역하는 것은 맥락상으로 문제가 없다. 하지만 여기서 주달관이 조그만 통나무배를 두고 돛이 없음을 알려 주려 하고 있는 것 같지는 않다. 강이나 호수 상의 작은 배는 돛이 없다. 그 작은 배의 범주에 들어가는 이 통나무배는 일반적인 작은 배에 설치되어 있는 가리개조차 없다는 사실을 강조하고 있는 것으로 이해해야 할 것이다.

121 신나와 피란은 각각 범선을 의미하는 sampou와 하천의 작은 배를 의미하는 tūk bān lon의 대음이라 한다. 和田久德, p. 129. 범선은 '쌈뻐으', 보트는 '뚝'이다. 그러나 신나와 피란의 중국어 발음이 각각 '씬나'와 '삐란'임을 고려한다면 이 주장은 무리가 있어 보인다. 다른 번역자들도 합리적인 의견을 내지 못하고 있다.

나무판을 만드는데 도끼를 사용한다는 기술은 흥미롭다. 여기서 도끼란 금속 부분이 얇게 만들어진 도끼를 의미하는데 현재도 이용되고 있다. 이것을 사용하여 판을 만드는 손재주를 용하다고 할 일이지 졸렬하다 비판할 바가 못된다. 설사 캄보디아에 애초부터 톱이 없었다 할지라도 이미 중국인이 들어와 산 지 오래인데 이들이 톱을 사용하든가 상품으로도 들여왔을 것이니 그것을 본 캄보디아인으로서는 필요하다면 벌써 톱을 쓰지 않았겠는가? 이유가 있으니 배 만드는 데 도끼를 사용했을 것이다.

34. 속군(屬郡)

> 屬郡九[122]十餘. 曰眞蒲, 曰査南, 曰巴澗, 曰莫良,
> 속군구   십여 왈진포 왈사남 왈파간 왈막량
> 曰八薛, 曰蒲買, 曰雉棍, 曰木津波, 曰賴敢坑,
> 왈팔설 왈포매 왈치곤 왈목진파 왈뢰감갱
> 曰八廝里, 其餘不能悉記. 各置官屬, 皆以木排栅爲城.
> 왈팔시리 기여불능실기 각치관속 개이목배책위성
>
> 속군은 90여 개이다. 진포, 사남, 파간, 막량, 팔설, 포매, 치곤, 진파, 뢰감갱, 팔시리 따위인데 그 나머지는 기억하지 못하겠다. 각기 관속을 두고 모두가 나무로써 울타리를 늘어세워 성으로 삼았다.

열 개의 속군을 열거하고 있다. 이중 진포(眞蒲)는 주달관이 캄보디아로 들어오는 길에 언급된 지역이다. 파간은 소금을 만드는 지역으로 진포와 더불어 소개되었다. 해리스는 '팔설'이 현 라오스 남부 팍세(Pakse)가 아닐까 하는 의견을 제시하고 있으며[123] 夏鼐는 '포매'가 현 태국 북동부에 있는 피마이(Phimai), '치곤'은 사이공일 것이라

---

[122] 金榮華는 이를 '凡'으로 바꾸었으나 원래대로 '九'라고 하는 것이 맞다. 이미 나열되는 군만 10개이고 나머지는 다 기억하지 못한다고 했으니 속군이 10여 개라는 말은 맞지 않는다. 레흐엉 및 夏鼐가 사용한 '고금일사본'은 물론이고 '사고전서본', '고금설해본' 모두 '九'로 되어 있다. 뻴리오도 '九'로 보았다.

[123] Harris, p. 126.

는 의견들을 소개하고 있다.[124] 내가 보기에 팔설, 포매, 치곤을 각각 곽세, 피마이, 사이공으로 보아 무리가 없을 것 같다.

---

[124] 夏鼐, p. 173.

35. 촌락(村落)

每一村, 或有寺, 或有塔. 人家稍密,
매일촌 혹유사 혹유탑 인가초밀
亦自有鎭守之官, 名爲買節. 大路上自有歇脚去處,
역자유진수지관 명위매절 대로상자유헐각거처
如郵亭之類, 其名爲森木. 近與暹人交兵, 遂皆成曠地.
여우정지류 기명위삼목 근여섬인교병 수개성광지

각 마을에는 절이 있든가 탑이 있다. 인가는 자못 조밀하며 [각 마을마다] 역시 맡아 지키는 관리가 있는데 이름하여 매절이라 한다. 대로상에는 다리를 쉬었다 가는 곳이 나름 있으니 우정 같은 종류이다. 그것을 이름하여 삼목이라 한다.[125] 근래에는 샴인과의 전쟁으로 마침내 모두 버려진 땅이 되었다.

마을마다 절이나 탑이 있음은 현재도 마찬가지이다. 종교의 중심지로서 불교 사원은 마을 중앙에 자리 잡으며 마을에서 가장 호화로운 건축물이다. 시바교를 포함한 삼교가 있다고 주달관은 앞에서 말했지만 그래도 이 당시 가장 보편적인 종교는 불교였다는 사실이 이 장에서 확인된다.

---

125 매절은 mé-srok, 삼목은 samnak, 和田久德, p. 131. 현재 지방 현 단위를 '쓰록'이라 하고 그 장을 '메쓰록'이라 부른다. 요즘 게스트하우스를 일러 '쁘떼아 썸낙'이라 하니 '썸낙'의 생명이 길다.

대로상에는 여행객이 쉬었다 갈 수 있는 시설이 있었다고 한다. 주달관이 이를 역참(驛站)의 숙소(우정) 같다고 한 것으로 보아 규모도 자못 컸는가 보다. 이 시설들이 태국(수코타이 왕국)과의 전쟁으로 근래 많이 파괴되었다고 하니 당시 캄보디아가 신흥국 수코타이의 압박에 쩔쩔매고 있던 정황을 짐작할 수 있겠다.

36. 취담(取膽)
   - 쓸개 뽑기

前此於八月內取膽.
전 차 어 팔 월 내 취 담

蓋占城主每年來索人膽一甕, 可十餘枚[126].
개 점 성 주 매 년 래 색 인 담 일 옹   가 십 여 매

遇夜則多方令人於城中及村落去處, 遇有夜行者,
우 야 즉 다 방 령 인 어 성 중 급 촌 락 거 처   우 유 야 행 자

以繩兜住其頭, 用小刀於右脇下取去其膽. 俟數足,
이 승 두 주 기 두   용 소 도 어 우 협 하 취 거 기 담   사 수 족

以餽占城主. 獨不取唐人之膽, 蓋因一年取唐人一膽,
이 궤 점 성 주   독 불 취 당 인 지 담   개 인 일 년 취 당 인 일 담

雜于其中, 遂致甕中之膽俱臭腐而不可用故也.
잡 우 기 중   수 치 옹 중 지 담 구 취 부 이 불 가 용 고 야

近年已除取膽之事, 另置取膽官屬居北門之裏.
근 년 이 제 취 담 지 사   령 치 취 담 관 속 거 북 문 지 리

이전에는 8월 중에 쓸개를 뽑았다. 대개 참파의 국주가 [보낸 자가] 매년 와서 사람의 쓸개 한 항아리를 구했는데 [한 항아

---

126 각 판본마다 수치가 크게 차이가 난다. '사고전서본'과 '고금설해본'에서는 '萬千餘枚'이다. 뻴리오의 번역에서도 같은 수치이다. 레흐영의 '고금일사본'도 그러하다. 夏鼐의 책에서는 '可千餘枚'이다. '항아리' 크기에 따라서는 거기에 들어가는 사람 쓸개 개수가 '千'은 물론 '萬'도 가능하다. 그러나 너무 많다. 쓸개 뺀다는 소문이 파다하다면 그 누가 감히 밤거리를 돌아다니길래 천 개씩 만 개씩 쓸개를 뽑을 수 있단 말인가? 나는 金榮華의 수치가 가장 합리적이라고 생각한다. 그러나 한 항아리에 쓸개가 몇 개 담기느냐 하는 데 대한 논의는 부질없다. 주달관은 '들은 얘기'를 전하고 있는 중 아닌가. 전하는 자의 입에 따라 쓸개는 천 개도 되고 만 개도 되었을 수 있다.

> 리에] 가히 10여 매 정도이다. 밤이 되면 여러 방향으로 사람을 성중과 마을로 가게 해서 밤에 돌아다니는 사람을 만나면 줄로 그 머리를 싸매고 작은 칼을 사용해 오른쪽 겨드랑이 아래에서 쓸개를 빼게 했다. 숫자가 차면 참파 국주에게 바쳤다. 단지 당인의 쓸개는 취하지 아니하니, 어느 해던가 당인 쓸개 하나를 취해 그 안에 섞었더니 마침내 항아리 속의 쓸개가 함께 냄새나게 썩어 쓸 수 없게 되었기 때문이다. 근년에는 쓸개 빼는 일을 이미 그만두고 쓸개 빼는 [일을 담당하던] 관리들은 [따로] 분리해 북문 안에 두어 살게 했다.

이 기록도 주달관의 책에 나오는 몇 가지 황당무계해 보이는 일 중의 하나로서 사실과 상상이 적당하게 버무려져 있는 것 같다. 사람이 사람의 쓸개를 빼는 행위는 있을 수 있다. 사나운 곰의 쓸개도 빼먹는데 약효가 있다면 사람의 쓸개인들 못 빼겠는가? 캄보디아에서는 19세기에도 이런 습속이 있었음을 프랑스 사람들은 전하고 있다.[127] 심지어 20세기에도 이런 일이 목격되었다고 나는 들은 바 있다. 광란의 시대였던 크메르루주 치하에서 말이다.

그런데 쓸개 채취가 주달관이 말하듯 성중이나 촌락 내에서 밤에 돌아다니는 사람들에게 무작위로 행해졌는지는 의심스럽다. 굳이 필요하다면 캄보디아 사람들이 짐승 취급하던 '야인'의 쓸개를 채취하든가 '야인'들로 하여금 다른 '야인'의 쓸개를 채취해 오게 하는 것이

---

[127] C. E. Bouillevaux, *Voyage dans l'Indo-Chine*(Paris, 1858), p. 241, 金榮華, pp. 108-109에서 재인용.

훨씬 자연스러운 방법이다. 주달관이 글의 말미에 적어 놓았듯이 당시에는 이미 쓸개 빼는 일이 없어졌다 하니 주달관의 기록 내용은 단지 전해들은 이야기였을 뿐이다. 혹시 이 습속은 사람들이 밤에 돌아다니지 못하도록 단속하는 조치와 관련된 헛소문이었을지도 모른다.

중국인의 쓸개는 더러워서 못썼다는 얘기가 흥미롭다. 앞서 소개된 인분 사용 이야기며 용변 뒤처리 등과 이어지는 중국인의 이미지는 줄곧 '불결함'이다.

37. 이사(異事)

> 東門之裏, 有蠻人淫其妹者, 皮肉相粘不開,
> 동문지리 유만인음기매자 피육상점불개
> 歷三日不食而俱死. 余鄕人薛氏, 居番三十五年矣.
> 력삼일불식이구사 여향인설씨 거번삼십오년의
> 渠謂兩見此事, 蓋其用聖佛之靈, 所以如此.
> 거위양견차사 개기용성불지령 소이여차
>
> 동문 안에 누이동생과 음탕한 짓을 한 야만인이 있는데 가죽과 살이 서로 붙어 떨어지지 않았고 3일 동안 먹지 않다가 함께 죽었다. 내 동향인 설씨는 35년을 [이곳] 이역 땅에 살았다. 그가 말하길 [자기는] 이런 일을 두 번 보았다고 하니 대개 그 성스러운 부처의 영험이 작용하였기 때문에 이와 같음이리라.

여기서 '야만인'이란 캄보디아인을 가리키는 것인지 '야인'을 가리키는 것인지 분명하지 않다. 생긴 일이 하도 기이한지라 극도의 비칭인 '야만인'이란 표현을 사용했는가 보다.

그러나 비정상적인 관계 간의 성행위에서 남녀의 몸이 붙어 떨어지지 않는 현상은 비단 이 시기 캄보디아에서만이 아니라 동서고금 어디서에서고 종종 나타난다고 나는 들었다. 주달관이 말하듯 온몸의 살과 가죽이 붙는다기보다 성관계 도중 신체의 일부분이 결합된 채 떨어지지 않는(긴장이나 죄책감에 의한 경직으로) 현상일 것이다.

38. 조욕(澡浴)

地苦炎熱, 每日非數次澡洗, 則不可過.
入夜亦不免一二次. 初無浴室盂桶之類,
但每家須有一池, 否則亦兩三家合一池. 不分男女,
皆裸形入池. 惟父母尊年者在池, 則子女卑幼不敢入,
或卑幼先在池, 則尊長亦廻避之. 如行輩則無拘也.
但以左手遮其牝門入水而已.

땅이 지독히도 덥고 뜨거워 매일 여러 번 목욕하지 않고는 지낼 수 없다. 밤이 되어서도 한두 차례 [목욕하지] 않을 수 없다. 욕실이나 우통 같은 것은 아예 없고 단지 집마다 반드시 연못이 하나 있다. 아니면 두세 집이 함께 연못 하나를 두기도 한다. 남녀 구분 없이 모두 벌거벗은 몸으로 못에 들어간다. 단지 부모나 나이든 자가 연못에 있으면 자녀 및 나이 어린 사람은 감히 들어가지 못한다. 혹 나이 어린 자들이 먼저 연못에 있으면 존장자 역시 그들을 피한다. 같은 또래면 구애될 바가 없다. 단지 왼손으로써 자기의 은밀한 곳을 가린 채 물로 들어갈 뿐이다.

매 가구마다 혹은 두세 가구마다 하나씩 연못이 있다면 당시 캄보디아의 수도가 얼마나 물이 많은 도시였는지 짐작할 수 있다. 쿨렌 산으로부터 내려오는 강이 도시 앞을 지나고 강 하류 쪽에는 거대한 톤레삽 호수가 있었던 데다가 도시 주변에는 저수지들이 자리 잡고 있었으며 저수지와 호수, 강이 서로 수로로 연결되었고 거의 매 가구마다 연못을 하나씩 두고 있었다니 가히 캄보디아의 수도는 '물의 도시'였다고 할 수 있겠다.

"남녀 구분 없이 모두 벌거벗은 몸으로 못에 들어간다"는 구절은 의미가 모호하다. 원문상으로도 마찬가지이다. 벌거벗은(음부 노출까지를 의미함) 남녀가 혼욕을 한다는 것인지, 따로 목욕하되 남자나 여자나 다 벌거벗고 물에 들어간다는 것인지. 다른 번역본들도 모두 직역을 해 놓았을 뿐이다. 전자라면 혼욕 습속을 알려주는 좋은 증거요, 후자라면 연못에 입욕 시 여성들도 벌거벗고 들어갔다는 평범한 관찰이다.

그런데 뒤의 기사 즉 연장자와 연하자, 부모와 자식이 서로 입욕의 순서를 사양하는 관습이 눈길을 끈다. 만약 혼욕의 풍속을 인정한다면, 설사 혼욕이로되 나이 및 부모 자식 간의 구분이 강조되던 사회로 이해된다. 그런데 '연못에 입욕 시 여성들도 벌거벗고 들어갔다는 평범한 관찰'이라는 두 번째의 해석 방식을 적용한다면 목욕 순서가 꽤 복잡해진다. 남녀의 구분이 있는 데다가 세대 차이까지도 고려해야 하니 말이다.

나는 후자 쪽으로 번역하고 싶다. 혼욕의 기사가 아니라 목욕 시 벌거벗는다는 평범한 관찰 쪽으로 말이다. 조금 뒤에 우리는 강물에 나가 목욕하는 여성들에 대한 주달관의 전언을 볼 것이다. 여기서도 여성들은 벌거벗는다. 그리고 몰래 이를 엿보는 중국인 남성들이 있다.

시엠립 도처에 하루에도 수차례 남녀가 벌거벗고 함께 목욕하는 광경이 벌어지고 있었다면 여성들의 강변 목욕 행사가 중국인들에게 특별한 구경거리가 될 일이었겠는가?

남에게 벌거벗은 몸을 보이지 않는 것은 현재 매우 보편적인 동남아인의 관행이다. 남녀의 구분은 당연히 엄격하고 동성 간에도 여간해선 벌거벗은 몸 보이기를 꺼려한다. 이런 관념이 13세기 당시에는 나이에 따른 상호 회피로도 나타났던 것이 아닌가 한다. 그렇다면 당시 벌거벗은 몸을 보이는 범위는 동성 간 동년배 사이에서였을 뿐이라는 결론에 이를 수 있겠다. 그럴 때조차도 꺼리니 주달관이 "왼손으로써 자기의 은밀한 곳을 가린 채 물로 들어갈 뿐이다"라 한 것은 이런 정황을 이름이다.

앞가슴 노출과 음부 노출 간의 거리는 무척 멀다. 여성이 앞가슴을 노출하는 사회를 얘기할 때 우리는 그들이 음부 노출도 꺼리지 않을 것이라고 생각하는 경향이 있다. 하지만 실제는 전혀 그렇지 않다. 앙코르 지역의 무수한 부조에서 앞가슴을 드러낸 여성상은 흔히 볼 수 있지만 그들은 하나같이 아랫도리를 칭칭 감고 있다.

或三四日, 或五六日, 城中婦女三三五五,
咸至城外河中漾洗. 至河邊, 脫去所纏之布而入水,
會聚於河者, 動以千數. 雖府第婦女亦預焉.
略不以爲恥. 自踵至頂, 皆得而見之,
城外大河, 無日無之. 唐人暇日, 頗以此爲遊觀之樂.
聞亦有就水中偸覘者. 水常溫如湯, 惟五更則微涼,
至日出則復溫矣.

혹 3~4일, 혹 5~6일 성중의 부녀들이 삼삼오오 [짝을 지어] 모두 성 바깥의 강에 들어가 씻는다. 강가에 이르면 걸친 천을 벗어버리고 물로 들어가니 강물에 우글거리는 수가 천은 된다. 설사 관리 [집안]의 부녀라 할지라도 역시 참여한다. 부끄럽게 여기지 않는 것 같다. 발뒤꿈치부터 머리까지 모두 볼 수 있으니 성 바깥의 큰 강에는 [이 기간 동안] 이런 일이 없는 날이 없다. 당인들은 한가한 날에 많이들 이를 감상함을 즐거움으로 삼는다. 듣건대 물속에 들어가서 훔쳐보는 자들도 있다고 한다. 물은 끓여 놓은 듯 항상 따듯하다. 단지 5경이 되면 약간 시원하다가 해가 뜨면 다시 더워진다.

천여 명에 이르는 여성이 강물에서 벌거벗고 목욕하는 모습을 상상해 보라. 기괴스럽다. 집 앞에 연못이 있어서 목욕함에 부족함이 없는데 왜 강물에 나가 단체로 목욕을 하는가? 아마도 시엠립 강에서의 목욕은 일종의 종교적 의식이었을 것이다. 시엠립 강 상류에는 곳곳에 링가가 세워져 있다. 강에서 행해지는 여성의 물놀이는 이 링가들을 씻고 내려오는 물과 여성의 결합, 거기서 기대되는 다산의 기원 행위가 아니었을까 한다.

또 중국인이 등장한다. 여성의 알몸 목욕을 훔쳐보고 심지어 물속에까지 들어가는 극성파도 있단다. 주달관이 이처럼 중국인의 추한 부분을 자꾸 드러내는 이유는 무엇일까? 뒤에서 곧 나오겠지만 주달관이 보기에 이곳에 사는 중국인은 뿌리를 알 수 없는 떠돌이며 일탈자들이다. 원나라의 사절 일원으로 봉사하는 주달관으로서는 이들이 모두 우호적인 동향인으로 여겨질 수는 없는 일이었다.

39. 류우(流寓)
- 흘러들어 와 사는 사람들

> 唐人之爲水手者, 利其國中不着衣裳,
> 당인지위수수자 리기국중불착의상
> 且米糧易求, 婦女易得, 屋室易辦, 器用易足,
> 차미량이구 부녀이득 옥실이판 기용이족
> 賣買易爲, 往往皆逃逸於彼.
> 매매이위 왕왕개도일어피
>
> 당인으로서 뱃사람 된 자는 이 나라에서는 옷을 입지 않고 양식을 구하기 쉬우며 여자를 쉽게 얻을 수 있는 데다가 집을 쉽게 마련할 수 있고 물건이 넉넉하고 장사하기가 쉬운 것을 이롭게 여겨 왕왕 모두 이곳에 도망하여 숨는다.

중국으로부터 온 교역선에 승선한 수부들에게 캄보디아는 믿을 수 없는 낙원 같았을 것이다. 캄보디아만이 아니라 동남아시아 어디고 다 비슷비슷했지만 말이다. 동서양 직접 교류가 시작된 16세기부터는 포르투갈이나 네델란드 선원 중에도 같은 이유 때문에 동남아시아에 그대로 눌러앉는 사람이 꽤 있었다.

40. 군마(軍馬)

軍馬亦是裸體跣足. 右手執標鎗, 左手執戰牌,
군마역시나체선족 우수집표창 좌수집전패
別無所謂弓箭砲石甲冑之屬. 傳聞與暹人相攻,
별무소위궁전포석갑주지속 전문여섬인상공
皆驅百姓使戰, 往往亦別無智略謀畫.
개구백성사전 왕왕역별무지략모획

군대도 역시 나체에 맨발이다. 오른손은 창을 집었고 왼손은 방패를 잡았지만 이른바 활과 화살, 투석기, 갑옷과 투구 등속은 따로 없다. 전해 듣건대 샴인과 서로 싸울 때 모두 백성을 몰아 싸우게 했지 왕왕 별다른 지략이나 모획도 없었다고 한다.

    군마는 '군대' 또는 '군사' 정도로 번역해도 문제 없어 보인다. 군마란 당시 '군대'를 지칭하는 관용적 용어였을 것이다. 원나라 군대 특히 몽골 군대에서 말은 늘 병사와 한 몸이나 마찬가지였다.
    그런데 '군대도 역시 나체에 맨발'이라는 구절에서 '역시'를 주시할 필요가 있다. 분명 주달관은 앞선 기술에서 캄보디아인의 복식을 언급했고 목욕하는 광경을 서술하면서도 '옷을 벗는다'는 묘사를 하면서 캄보디아인이 옷을 입고 있었음을 우리들에게 일러주었다. 단지 상체는 드러내고 있다고 했다. 그렇다면 여기서 '나체'란 상체가 그렇다는 얘기이다. 사실이 그러함에도 불구하고 "역시 나체에…"라고 표현한 데는 곡필의 의도 또는 적어도 폄하의 의도가 숨어 있지 않은가 의심된다.

주달관의 묘사대로라면 당시 그 흔한 활, 투석기, 갑주도 없이 왼손엔 방패, 오른손엔 창을 든 벌거벗은 남자들의 모습이 바로 캄보디아 군인의 외모였다. 이는 오지의 원시인이라도 갖출 수 있는 무장이요, 외양이다. 게다가 그는 캄보디아 군대가 별 전략, 전술이 없었다는 말도 전한다.

수코타이의 공격에 시달리고 있었다고는 해도 캄보디아는 주달관의 말마따나 90여 개의 속주를 거느리고 있던 강국이었다. 그래서 자신을 포함한 원나라의 사절단이 가서 외교 관계를 수립하자고 설득하고 있는 중이었다. 군사적으로 굴복시키는 일은 포기한 채 말이다.

캄보디아에서는 코끼리가 전쟁에 사용되건만, 그리고 기병에게 가장 두려운 대상이 상군(象軍)임에도 주달관의 서술 어디에서고 전상(戰象)의 위용은 전혀 언급되지 않는 게 이상하지 않은가? 코끼리는 '수레와 가마' 조에서 먼 거리 여행용으로, 그리고 다음에 나올 '국주출입' 조에서는 퍼레이드용으로만 잠시 언급될 뿐이다. '정삭시서' 조에는 9월에 전국의 코끼리를 모이게 하여 사열한다고 했는데, 코끼리를 애완동물로 키우지는 않았을 것이다.

앞서 소개되었듯 캄보디아에는 화약도 있었다. '정삭시서'에서 화려하고 요란스러운 화약놀이가 묘사되는데 캄보디아인이 화약을 놀이하는 데만 썼겠는가? 활도 있었고 석궁도 사용되었다. 그리고 전투 시 웃옷을 입고 있는 경우도 많이 보인다. 무기와 복장은 베이온 사원의 부조에 잘 나타나 있다.[128] 이들 자료를 근거로 12~13세기 캄보디

---

128 전자불전·문화재콘텐츠연구소 편, 『앙코르 문명에 관한 최초의 기행문, 진랍풍토기』, pp. 58; 63; 86; Pelliot(1993), p. 70 사진 참조.

아의 무기체제를 정리한 연구서가 나와 있을 정도이다.[129] 여기에는 칼, 활, 방패, 석궁, 도끼, 전차병, 기병, 코끼리 무장 등이 소개된다.

    나는 캄보디아 병사들이 웃옷을 벗고 있는 모습을 기후 문제로 보고 싶지 않다. 더군다나 주달관이 암시하듯 야만성의 상징은 더욱 아니다. 같은 기후대에 사는데도 앙코르왓이나 베이온에 부조된 샴, 참 병사들은 상의를 입고 있다.[130] 특히 참 병사와 캄보디아 병사가 함께 있을 때 웃옷을 입은 전자와 웃옷을 벗은 후자를 대비시키고 있으니 혹 크메르인의 용맹성을 드러내 보이려는 의도가 아닌가 한다. 캄보디아 병사들이 굵은 줄 같은 것으로 상체를 묶어 치장을 하는 것도 강인함을 드러내기 위한 장치인 것 같다.

    전투보다 긴장이 덜한 행군 시에는 크메르 병사 중 웃옷을 입고 있는 경우가 종종 나타나고 평상시에는 벗고 있는 경우가 많다. 그건 캄보디아에 살고 있던 중국인도 마찬가지였다. 캄보디아인과 중국인 사이의 닭싸움을 묘사한 베이온의 부조에서는[131] 양측 모두 '나체'(주달관의 표현에 따른다면)이다.

    그렇다면 왜 주달관은 캄보디아의 군사력을 폄하했을까? 주달관 일행의 공식적 임무가 '초유'였음을 기억하자. 초유 주체의 권위는 초유 대상의 군사적 열위가 전제될 때야만 확보되는 것이다.

---

129 Michel Jacq-Hergoualc'h, *The Armies of Angkor*(Bangkok: Orchid Press, 2007).
130 최병욱, 『동남아시아사 - 전통시대』(서울: 대한교과서주식회사, 2006), pp. 51; 121 사진 참조.
131 앞의 책, p. 104 사진 참조.

41. 국주출입(國主出入)

聞在先國主, 轍迹未嘗離戶, 蓋亦防有不測之變也.
문재선국주 철적미상리호 개역방유불측지변야
新主乃故國主之婿, 原以典兵爲職, 其婦翁殂,
신주내고국주지서 원이전병위직 기부옹조
女密竊金劍以付其夫, 以故親子不得承襲. 嘗謀起兵,
여밀절금검이부기부 이고친자부득승습 상모기병
爲新主所覺, 斬其趾而安置于幽室. 新主身嵌聖鐵,
위신주소각 참기지이안치우유실 신주신감성철
縱使刀箭之屬着體不能爲害, 恃此遂敢出戶.
종사도전지속착체불능위해 시차수감출호

들건대 선대 군주 때에는 마차 바퀴 자국이 집을 떠난 적이 없었다니 예기치 못한 변고를 방비하고자 함 때문이었다. 새로운 국주는 죽은 국주의 사위로서 원래 병권을 담당하는 직책에 있었다. 장인이 죽자 딸이 몰래 금검을 훔쳐 자기 남편에게 맡겼기 때문에 친아들이 승계하지 못했다. [그 아들은] 군사를 일으킬 것을 도모했으나 새 국주에게 발각되어 발가락을 잘리고 감옥에 갇혔다. 새 국주는 몸속에 신묘한 쇠붙이를 집어넣었기에 설사 칼과 화살 같은 것이 몸에 다다라도 해를 입힐 수가 없으니 이를 믿고 감히 거소를 나서는 것이다.

주달관이 '들건대'를 전제로 해서 이야기 한 부분의 사실 여부는 밑을 바가 못된다. 전 왕이 궁성 밖으로 나섰다가 어떤 위해를 입을지 몰라서 평생을 궁 안에서만 살았다는 것인데, 홀(D. G. E. Hall)의 연표에 의하면 전 왕은 자야바르만(Jayavarman) 8세로서 그가 재위 기간(1243~1295) 50여 년 동안[132] 궁 안에서만 살았다는 것은 어불성설이다. 아마도 이는 사실이라기보다 바깥 출입을 자주 하는 현재의 왕에 비해 소극적이었다는 정도로 이해하면 족할 것이다. 특히 노쇠한 말년에는 그랬을 만도 하다.

사위가 쿠데타로 집권했다는 얘기는 역사적 사실과 부합된다. 자야바르만 8세로부터 현 국왕인 스리 인드라바르만 3세(Sri Indravarman, 1295~1308)로의 왕위 승계에는 여성의 역할이 있었다. 아버지가 갖고 있던 왕권의 상징 금검을 딸이 취하지만 딸은 그것을 자신이 갖지 않고 남편에게 넘겼다. 바로 이것이 동남아시아에서 보이는 여권의 한 전형이라 할 만하다. 남성의 영역이라 여겨지는 공적인 분야, 그중에서도 왕위는 여간해서 여성이 넘보지 않는다. 아들과 사위 사이에는 왕위 계승 경쟁이 가능하나 딸은 경쟁자로 나서는 일이 없었다.

밤마다 뱀 신과 교접한다는 왕은 몸에 신성한 쇠붙이가 박혀 있어 어떤 무기도 그를 해하지 못한다고 했다. 신(神)과의 교접과 성(聖)스러운 쇳조각의 체내 감입(嵌入)은 곧 왕의 신성성(神聖性)을 강조하는 소문이다. 이 소문의 출처는 분명치 않다. 단지 그런 믿음이 백성들 사이에 스며 있었다는 것, 사람들이 그렇게 믿고 있었다는 사실이 중요하다.

---

132 D.G.E. Hall, *A History of South-East Asia* (London: Macmillan, 1958), p. 739.

> 余宿留歲餘, 見其出者四五. 凡出時,
> 여숙류세여 견기출자사오 범출시
>
> 諸軍馬擁其前, 旗幟鼓樂踵其後.
> 제군마옹기전 기치고락종기후
>
> 나는 1년 여를 머무르며 그가 외출하는 것을 4~5차례 보았다. 외출할 때는 언제나 각양의 군대가 앞을 옹위하고 깃발과 악기 연주가 그 뒤를 좇았다.

주달관은 왕의 행차를 본격적으로 묘사하기 시작한다. 왕이 무슨 목적으로 바깥 행차를 하는지 주달관은 쓰지 않았지만 아마도 사원이나 성지 방문일 것이다. 혹은 단순히 과시용 퍼레이드일 수도 있다. 과시만을 위해서도 왕의 행차는 가치가 크다. 얼마나 볼거리가 풍부한 대형 쇼(show)인지가 곧 나온다. 사람과 짐승, 남성과 여성, 무기와 기명(器皿), 금은보화와 오색 채단(綵緞)의 빛깔과 질감이 어우러지는 이 퍼레이드는 한편의 장엄한 공연(公演)이었다.

> 宮女三五百, 花布花髻, 手執巨燭, 自成一隊,
> 궁 녀 삼 오 백   화 포 화 계   수 집 거 촉   자 성 일 대
>
> 雖白日亦照燭.
> 수 백 일 역 조 촉
>
> 궁녀 300~500명이 꽃무늬 옷을 입고 머리에 꽃 장식을 한 채 손에는 커다란 초를 들고서 따로 일개 대오를 이루었다. 대낮임에도 촛불을 밝힌다.

왕의 행차를 앞서 안내하는 군마와 악대가 지나면 행차의 본대가 나타난다. 제일 앞에 선 일대는 수백 명의 궁녀로 구성되었다. 꽃으로 온 몸을 휘감은 듯 화려한 장식을 한 그녀들의 손에는 불이 켜진 커다란 등촉이 들려 있다. 주달관이 묘사하는 각 궁녀는 꽃의 조합이라 할 만하다. 꽃으로 상징될 수 있는 젊은 여성, 꽃무늬 옷, 머리의 꽃 장식, 촛불 (꽃)은 하나로 통하는 소재들 아니던가. 각각의 꽃 조합이 수백에 이르는 화군(花群)을 형성하며 왕의 행차 앞에 선 것이다.

又有宮女皆執內中金銀器皿及文飾之具. 制度迥別,
우 유 궁 녀 개 집 내 중 금 은 기 명 급 문 식 지 구　 제 도 형 별
不知其何所用.
부 지 기 하 소 용

또 다른 궁녀들이 있어 모두 궁 안의 금은 그릇 및 장신구들을 들었다. 만든 법도는 [중국의 것과 비교해서] 매우 다르며 어디에 쓰이는지는 알 수 없다.

촛불을 켜든 궁녀 무리 뒤에 각종의 금은 그릇 및 장신구를 든 또 다른 여성들이 뒤따른다. 이들이 들고 있는 것은 왕이 방문하는 곳에서 행해질 의식에 쓰일 그릇들일 것이다.

> 又有宮女執標鎗標牌爲內兵, 又成一隊.
> 우 유 궁 녀 집 표 창 표 패 위 내 병 우 성 일 대
>
> 창과 방패를 든 궁내병 궁녀들도 있어 또 한 대오를 이루었다.

이렇듯 여성을 훈련시켜 군사적 기능을 (특히 왕궁 내 호위병으로) 수행하게 하는 관습은 전통시대 동남아시아에서 종종 눈에 띈다. 17세기 아유타야(태국)나 자바의 마타람(Mataram), 수마트라의 아쩨(Aceh)에서도 총과 칼로 무장한 여성 전사들이 있었다.[133] 1세기 중반 중국의 지배에 대한 저항군을 이끌었던 베트남의 쯩(Trưng) 자매나 그녀들을 좇았던 여성들은 동남아시아 여성 전사의 기원이라 할 수 있겠다.

---

133 Reid, p. 167.

> 又有羊車鹿車馬車, 皆以金爲飾.
> 우 유 양 거 녹 거 마 거   개 이 금 위 식
>
> 다시 또 양 수레, 사슴 수레, 말 수레가 있는데 모두 금으로 장식했다.

왜 양[134]과 사슴에게 황금 수레를 끌게 할까? 和田久德은 이를 종교적 이유로 설명한다. 불교에서는 양거(羊車), 녹거(鹿車), 우거(牛車)를 합쳐 삼거(三車)라고 하는데 캄보디아에서는 소 대신 말을 썼을 것이라는 추측이다.[135] 앞서 지나간 촛불 행렬과 뒤에 나올 불상의 존재를 생각해 본다면 이 장엄한 행렬의 종교적 바탕은 불교이다.

---

134 여기서 양은 염소일 가능성이 높다. Pelliot(1951), p. 34.
135 和田久德, p. 136.

> 其諸臣僚國戚, 皆騎象在前. 遠望紅涼傘, 不計其數.
> 기 제 신 료 국 척　개 기 상 재 전　원 망 홍 양 산　불 계 기 수
>
> 이 [나라의] 제 신료와 국가의 인척들은 모두 코끼리를 타고 앞에 있다. 멀리 바라 보이는 붉은 색 일산이 그 수를 셀 수 없다.

　군대와 세 그룹의 여성, 그리고 세 종류의 짐승이 끄는 수레들이 지나간 후에 본대의 행렬이 시작되었다. 제일 먼저 코끼리 위에 높이 앉은 관리와 귀족군이 나타났다. 그들이 쓴 붉은 색 일산이 수를 셀 수 없을 정도로 많다고 하니 그 일산들 아래에서 행진하고 있는 코끼리 무리의 규모를 상상해 보라.

> 又其次則國主之妻及妾媵[136]. 或轎或車, 或馬或象,
> 우 기 차 즉 국 주 지 처 급 첩 잉   혹 교 혹 거   혹 마 혹 상
> 其銷金涼傘, 何止百餘.
> 기 소 금 양 산   하 지 백 여
>
> 또 그 다음으로는 국주의 처와 첩실들이다. 혹은 가마를 혹은 수레를 혹은 말을 혹은 코끼리를 탔으니, 금박을 입힌 일산이 어찌 백여 개에 그치겠는가?

또 여성이다. 처첩들이 쓴 일산의 수만도 백여 개란다. 직위에 따라 두 개 이상의 일산을 쓴 자도 더러 있음을 고려한다 해도 여성의 숫자는 여전히 백에 가깝다. 처첩의 무리까지 치면 왕의 행렬에는 도합 네 개의 여성 군(群)이 참여하고 있다. 왕의 외부 행차에 왜 이리 여성이 많은가? 캄보디아 왕권에서 또는 왕의 대중과의 접촉에서 여성의 기능은 무엇일까?

여성의 존재는 왕의 남성성, 그 남성성의 극치로서의 신적 권위 부각을 위해서 필요했을까? 영원히 시들지 않는 남근(男根) 링가는 왕의 상징이자 시바의 상징이었다. 많은 여성을 거느린다는 것은 강한 남근을 갖고 있다는 과시에 닿고 강한 남근은 강력한 왕권 및 위대한 신성과 통한다.

---

136 金榮華 원본에는 '膝'으로 되어 있으나 오기임. 여타본에는 모두 '媵'으로 되어 있다.

> 其後則是國主, 立于象上, 手持金劍. 象之牙亦以金套之,
> 기후즉시국주 립우상상 수지금검 상지아역이금투지
> 打銷金白涼傘, 凡二十餘柄, 傘柄皆金爲之.
> 타소금백양산 범이십여병 산병개금위지
> 其四圍擁簇之象甚多, 又有軍馬護之. 若遊近處,
> 기사위옹족지상심다 우유군마호지 약유근처
> 止用金轎子, 皆以宮女擡之. 大凡出入必迎小金塔
> 지용금교자 개이궁녀대지 대범출입필영소금탑
> 金佛在其前, 觀者皆當跪地頂禮, 名爲三罷,
> 금불재기전 관자개당궤지정례 명위삼파
> 不然則爲貌事者所擒, 不虛釋也.
> 불연즉위모사자소금 불허석야
>
> 그 다음이 국주이다. 코끼리 위에 서서 손으로는 금검을 쥐었다. 코끼리의 어금니도 역시 금으로 쌌고 금으로 도금한 흰 일산은 20여 개이다. 일산의 손잡이는 모두 금으로 만들었다. 그 사방을 에워싼 코끼리가 매우 많으며 다시 또 그것을 호위하는 군대가 있다. 만약 가까운 곳으로 다니러 간다면 금가마만 타는데 궁녀들로 하여금 그것을 메게 한다. 모든 출입 때에는 반드시 조그만 금탑과 금불상을 모셔 앞에 둔다. 보는 이는 모두 마땅히 땅에 엎드려 머리를 조아려야 하니 삼파[137]라 부른다. 그렇게 하지 않으면 의례를 집행하는 관리들에게 붙들려 쉽게 풀려나지 못한다.

자 드디어 왕이 출현했다. 그는 코끼리 위에 앉지 않고 서 있다. 왕실의 보검은 그의 손 안에 있다. 당시 캄보디아 왕국의 위세라면 왕

---

137 크메르어 sambah의 대음. 和田久德, p. 136.

이 타고 있던 코끼리는 흰 코끼리였을 가능성이 높다. 부처의 전생이라고 이야기되는 흰 코끼리는 동남아시아 불교 국가의 왕들이 꼭 갖고 싶어 하는 대상이었기 때문이다. 그렇다면 왕의 주변은 흰색과 황금색의 조화와 대비로 화려했겠다. 흰 코끼리와 황금으로 싼 흰 상아, 하얀 일산과 금빛 손잡이, 금탑과 금불상 위에 내리쬐이는 밝은 태양이 백, 황의 조화를 더 눈부시게 하였다.

왕의 행렬에 또 여성이 등장한다. 가까운 곳에 행차하는 경우에 왕은 가마를 타는데 가마꾼은 궁녀들이란다. 결국 왕은 여성들을 타고 가는 셈인 바 왕의 탈 것이 코끼리 아니면 여성이다.

왕의 행차 앞에 불탑과 불상이 위치했다 함은 두 가지 사실을 암시한다. 첫째, 왕실의 공식적 종교가 불교라는 것, 둘째, 왕의 존재를 부처와 일체화시키려는 노력이 행해지고 있었다는 것이다. 나가와 교접하는 왕, 신성한 쇠붙이를 지녀 그 어떤 세속적 무기로도 해할 수 없는 불사(不死)의 왕이란 이미지 위에 부처의 권위 하나가 더 추가되고 있다.

每日國主兩次坐衙. 治事亦無定文.
매 일 국 주 양 차 좌 아   치 사 역 무 정 문

凡諸臣與百姓之欲見國主者, 皆列坐地上以俟.
범 제 신 여 백 성 지 욕 현 국 주 자   개 열 좌 지 상 이 사

少頃聞內中隱隱有樂聲, 在外方吹螺以迎之.
소 경 문 내 중 은 은 유 락 성   재 외 방 취 라 이 영 지

聞止用金車子, 來處稍遠. 須臾見二宮女纖手捲簾,
문 지 용 금 거 자   래 처 초 원   수 유 현 이 궁 녀 섬 수 권 렴

而國主已仗劍立於金窓之中矣. 臣僚以下皆合掌叩頭,
이 국 주 이 장 검 립 우 금 창 지 중 의   신 료 이 하 개 합 장 고 두

螺聲絶, 乃許擡頭. 國主隨[138]亦就坐,
라 성 절   내 허 대 두   국 주 수   역 취 좌

坐處有獅子皮一領, 乃傳國之寶. 言事旣畢,
좌 처 유 사 자 피 일 령   내 전 국 지 보   언 사 기 필

國主尋卽轉身, 二宮女復垂其簾, 諸人各起. 以此觀之,
국 주 심 즉 전 신   이 궁 녀 부 수 기 렴   제 인 각 기   이 차 관 지

則雖蠻貊之邦, 未嘗不知有君也.
즉 수 만 맥 지 방   미 상 부 지 유 군 야

국주는 하루에 두 번 집무처에 자리한다. 다스리는 일에도 일정한 문서 [처리]는 없다. 무릇 신하나 백성 중 국주를 알현하고자 하는 자라면 모두 땅 위에 줄지어 앉아 기다린다. 조금 지나면 안에서 은은히 음악 소리가 들리고 바깥에서는 바야흐로 소라를 [나팔을] 불어 그를 맞는다. 듣건대 [국주는] 황금 수레를 탈 뿐이며 오는 곳은 조금 멀다 한다. 잠시 후 두 명의 궁녀가 나타나 고운 손으로 주렴을 걷으면 국주는 이미 보검을

---

138 金榮華는 이 글자 앞에 '特'을 넣었다. '사고전서본', '고금설해본'에도 '特'이 있다. 레흐엉이 이용한 '고금일사본'에서도 마찬가지다. 그러나 夏鼐는 '特'이 없이 그가 참고한 원본대로 두었다. 나는 夏鼐의 의견을 좇았다. '特'을 넣어서는 해석할 도리가 없다. '사고전서본'을 사용한 베트남어 번역이나 '고금설해본'에 기초한 일본어판에서도 '特'을 번역하고 있지는 않다. 레흐엉도 '特'을 번역하지 않았다.

> 짚고 금창 안에 서 있다. 신료 이하 모두 손을 합장하고 머리를 바닥에 대면 소라 부는 소리가 그쳐야 비로소 머리 드는 것이 허락된다. 국주도 뒤이어 자리를 잡는다. 앉은 곳에는 사자 가죽이 하나 있으니 나라에 전하는 보물이다. 사안에 대한 이야기를 다 마치면 국주는 얼마 안있어 곧 몸을 돌리고 두 궁녀가 다시 그 주렴을 늘어뜨리면 사람들이 모두 일어선다. 이로써 보건대 비록 오랑캐의 나라라도 군주가 있음을 모르지 않는다고 하겠다.

캄보디아 왕이 궁 밖으로 나서는 행차를 묘사하다가 궁내에서의 업무처리 광경으로 이야기가 옮겨 간다. 이런 갑작스러운 기술 이동이 다소 의아하게 느껴지지만 이번 장의 제목이 '국주출입'임을 상기한다면 주달관의 서술 주제 이동은 오류라고 할 수 없다. 앞에서는 왕의 궁 바깥으로의 '출입'을 묘사하고 있고 이 부분에서는 궁궐 안 집무처로의 '출입'을 언급하고 있다.

다스리는 일에 일정한 문서 처리가 없었다는 것은 관료제도가 발전한 중국에서처럼 복잡하고 세세한 문서 업무가 눈에 띄지 않음을 의미한다. 광범한 제국의 영역이 그물망처럼 촘촘한 중앙집권적 직접 지배구조로 운영되던 중국과는 달리 느슨한 형태의 분권적 정치체제를 갖고 있던 캄보디아에서는 복잡한 관료제도가 존재할 필요가 없었다. 왕과 신료, 왕과 백성들 간의 소통 구조는 비교적 단순했다. 캄보디아 왕의 관심은 행정적 절차보다는 종교적 의례에 더 두어졌다.

이런 이유로 인해 단순한 업무 처리를 위해 등장하는 왕의 들고 나는 과정이 자못 복잡한 의례 절차를 동반했다. 여기에 중요한 소재는 음악, 황금, 여성으로서 궁궐 밖 출입과 유사한 점이 많다. 궁궐 내부로부터 들려오는 은은한 연주 소리가 배경음악으로 깔리고 왕은 황금으로 된 수레를 타고 궁궐 안 어딘가 깊은 곳으로부터 나와 황금 창안의 공간에서 황금검을 짚었다. 비록 두 명만 등장하지만 왕을 사람들 앞에 현현(顯現)하게 하고 퇴장하게 하는 주요 대목에 여성들이 있다.

주달관이 마지막 종결사로 대신한 '비록 오랑캐의 나라라도 군주가 있음을 모르지 않는다'는 말은 의미심장하다. 캄보디아의 격을 최대한 낮추기 위해 '오랑캐'나 '군'(王이 아닌) 같은 어휘를 사용하고 있음에도 불구하고 주달관은 '군주가 있음을 모르지 않는다'라는 평가를 통해 캄보디아 고유의 엄격한 예법이 존재하고 있었음을 전해주고 있다 하겠다.

책을 닫으면서 캄보디아 왕의 이미지는 매우 강하게 독자들의 뇌리에 남게 된다. 주달관은 제1장 '총서'에서 여정의 개략을 소개하고 이후 실질적인 첫 장에 해당하는 제2장 '성곽'에서 캄보디아 성곽의 거대하고 화려한 구조를 기술했었다. 그 다음 장은 '궁실'로, 왕의 집무실 및 거소 소개가 있었다. 마지막 '국주출입'에서 전반부의 공간 배경은 '성곽' 주변이며 후반부의 공간 배경은 '궁실'이다. 주달관 본인이 의도했든 아니든 훌륭하게 수미가 상응하고 있다. 만약 의도되었다면 이것은 대단히 빼어난 테크닉이라 아니할 수 없다.

내가 보기에 이는 계산된 배치 같다. 우리는 주달관이 각 주제를 매우 요령 있게 나열하고 있음을 주목할 필요가 있다. 제2장부터 제6장 '삼교'까지는 캄보디아의 상부구조에 대한 기술이다. 이후 제7장 '인물'부터 사람에 대한 이야기를 시작하여 제12장 '야인'을 거쳐 제17

장 '사망'에까지 이른다. 이후 제18장 '경종'부터 제22장 '욕득당화'까지는 인간이 사는 데 필요한 경제활동을, 제23장 '초목'부터 시작해서 제27장 '어룡'까지는 캄보디아 땅에서 생산되는 자연물로서의 동, 식물을, 제28장 '온양'부터 제33장 '주즙'까지는 인간이 손으로 만들어 내는 생산물을 다루고 있다. 제34장과 제35장의 '속군'과 '촌락'을 통해서는 나라의 전반적 모양새를 소개했다. 제36장 '취담'부터 시작해서 '이사', '조욕', '류우' 등 네 항목은 짜투리로 남은 흥밋거리 이야기들의 모음인데 모두가 캄보디아 거주 중국인과 관련되었거나 그들로부터 들은 이야기들이다. 원나라 조정 측에서 가장 관심을 가질 만한 '군마' 조가 매우 간략히 처리된 뒤 맨 마지막에 '국주출입'을 두어 이 주제를 길게 이야기하며 자신의 보고서를 마치고 있는 것이다. 치밀한 계산을 하는 필자라면 독자에게 가장 전하고 싶은 내용을 앞머리와 말미에 배치할 수가 있다.[139] 총 41개의 주제를 다루는 가운데 캄보디아에 대한 폄하와 왜곡이 도처에 드러남에도 불구하고 주달관이 독자에게 (원의 위정자를 포함해서) 가장 들려주고 싶었던 것은 웅장한 성곽과 성스러운 왕(gigantic wall & holy king)으로 상징되는 '강

---

[139] 해리스는 현존하는 『진랍풍토기』는 후세에 순서가 재정리된 것이고 분량도 원본에 비해 현격히 줄었을 것이라고 추정하고 있다. Harris, pp. 17; 29. 그러나 확실한 증거가 없는 상황에서 이런 추측은 부질없다. 예를 들어 그는 이 '국주출입' 장이 제3장 '궁실'에 들어가야 더 어울릴 것이라고 여기며, '산천' 장에 나오는 메콩 하류의 풍광 묘사가 '총서' 중 이곳을 지나는 장면에서 나와야 한다는 주장을 하고 있다(p. 17). 그러나 나는 이에 동의하지 않는다. 해리스가 '더 적합했을 것'이라고 여기는 제안은 표면적 면모에 근거한 것이다. 주달관의 치밀한 글쓰기 솜씨를 고려한다면 그가 해리스 같은 선택을 했을 리가 없다. 아울러 후세에 누군가가 재구성을 했다면 오히려 해리스의 취향에 가까운 형태를 취했을 것이다. 만약 그 어떤 누군가가 원래는 한데 붙어 있던 세 번째 장의 내용과 마지막 장의 내용을 멀찍이 떼어버릴 만큼 크게 손을 보았다면 그 '편집자'의 목소리가 책 어디에고 한마디도 남겨져 있지 않을 리가 없다.

력한 캄보디아'가 아니었을까? 원제국 내에서 2등 민족으로 살아야 했던 이 남방의 한족 지식인에게 캄보디아와의 전쟁은 백해무익이었을 테니까.

에필로그

『진랍풍토기』의 세계는 넓고도 깊다. 십 여 년 전 공부삼아 이 책 번역을 시작했을 때는 동남아에 대해 관심을 갖는 우리나라 지식인(일부 독서력이 왕성한 고등학생까지)들과 함께 앙코르왓 이야기를 나누는 책을 만들어 본다는 가벼운 마음이었다. 그런데 막상 작업에 들어가 보니 해야 할 일이 끝도 없이 눈 앞에 나타났다. 잘못하다가는 평생을 부여잡고 작업해도 끝내지 못할 수 있다는 두려움마저 들 때가 있었다. 완전한 번역서를 만들기 위해서는 캄보디아어(고어 포함)와 산스크리트어도 알아야 한다. 주달관처럼 적어도 1년은 시엠립에서 살아 보아야 감정이입이 가능할 것 같고, 프랑스원동학원 학자들의 것을 포함해서 『진랍풍토기』 관련 연구 논문들도 다 뒤져야 된다는 생각이 들었다. 책 속에서 언급되는 각 유물·유적에 대한 자세한 연구는 책 내용을 더욱 풍부하게 할 것이다. 중국 내의 각 판본도 일일이 검토가 필요해 보였고, 뻴리오와 세데스의 저서를 부지런히 번역·주석한 중국학자 馮承鈞(풍승균)의 저술들도 살펴야 할 것이다. 주달관의 고향인 절강성 영가를 찾는 일도 챙겨야 마땅하지 않겠는가? 혹 모르니 과거 우리나라에 흘러들어온 본은 없었는지도 확인해 봐야 할 것 같고 우리나라 동남아학의 효시로서 프랑스원동학원에서 10년 동안(1930~1940) 근무했던 김영건(金永鍵)은 이 책을 어떻게 다루었는지도 궁금해진다.

그러나 적당한 선에서 욕심을 접기로 했다. 단지 현재까지 나온 국내외 번역서들과 견주어 부끄럽지 않다 하는 정도의 수준에서 만족하기로 말이다. 능력 없는 자의 변이다.

지지난해 여름 메콩 강변에 자리를 틀고 앉아 이 책 출판을 위한 마무리 작업을 진행하면서 두 가지를 결심했다. 한 가지는 앞으로 내 전공인 남부베트남 공부에 더욱 매진하자는 것이었다. 남부베트남 거주 크메르인 및 캄보디아와의 관계사도 남부학의 범주로 포섭될 것이다. 두 번째는 캄보디아어를 배워야겠다는 결심이었다. 그러고 보니 나이 서른에 마지막 외국어로 베트남어를 배워 여지껏 우려먹고 있으면서 그 사이 새로 학습을 시작한 언어가 하나도 없었다. 게으르고 게을렀던 거였다. 남부학 매진과 캄보디아어 학습 결정은 꽉 차는 오십 생일을 메콩강변에서 지내면서 내 자신에게 내가 선사한 생일 선물이었다. 그 뒤로부터 나는 캄보디아어와 씨름을 시작했다. 작년 여름에는 한 달 동안 프놈펜에 머물면서 독선생을 모시고 캄보디아어 공부도 열심히 했다.

적어도 나에게 『진랍풍토기』는 참 좋은 책이다. 나를 공부하게 만들었으니 말이다. 독자들께도 그런 책이 되길 바라는 마음이다.

2013년 10월

참고자료

『郭沫若全集』, 科學出版社, 北京, 1982.
『國朝五禮儀序例』, 景文社, 서울, 1979.
金榮華 校注, 『眞臘風土記校注』, 正中書局, 臺北, 1976.
『大南寔錄前編』. 1844. 慶應義塾大學語學研究所, 東京, 1961.
서규석, 『신화가 만든 문명 앙코르 와트』, 리북, 서울, 2003.
徐兢 著, 조동원 외 역주, 『고려도경』, 황소자리, 서울, 2005.
완서(阮嶼) 지음, 박희병 옮김, 『베트남의 기이한 옛이야기-傳奇漫錄』, 돌베개, 서울, 2000.
『元史』, 新文豊出版公司, 臺北, 1975.
전자불전·문화재콘텐츠연구소 편, 『앙코르 문명에 관한 최초의 기행문 진랍풍토기』, 백산자료원, 서울, 2007.
陳高華 等 點校, 『元典章 - 大元聖政國朝典章』, 中華書局, 天津, 2011.
최병욱, 「19세기 전반 (1823-1847) 베트남의 동남아시아 관선무역」, 『동양사학연구』 70집, 2000.
_____, 『동남아시아사-전통시대』, 대한교과서주식회사, 서울, 2006.
_____, 「19세기 베트남 관선의 광동 왕래 시말」, 『동남아시아연구』 21권 3호, 2011.
夏鼐, 『眞臘風土記校注』, 中外交通史籍叢刊, 中華書局, 北京, 2006.
和田久德, 『眞臘風土記-アンコール期のカンボジア』, 平凡社, 東京, 1989.
Chandler, David, *A History of Cambodia* (4th edition), Westview Press, 2007.
Đại Nam Nhất Thống Chí, Lục Tinh Nam Việt (大南一統志, 南越六省), trans. by Nguyễn Tạo/Hán Học, Nhà Văn Hóa Bộ Quốc Gia Giáo Dục, two volumes, Saigon, 1959.
Hà Văn Tấn (trans.), *Chân Lạp Phong Thổ Ký* (진랍풍토기), Thế Giới, Hanoi, 2006.
Hall, D.G.E., *A History of South-East Asia*, Macmillan, London, 1958.
Harris, Peter, *A Record of Cambodia, the Land and Its People*, Silkworm Books, Chiang Mai, 2007.

Jacq-Hergoualc'h, Michel, *The Armies of Angkor*, Orchid Press, Bangkok, 2007.

Lê Hương, *Chân Lạp Phong Thổ Ký* (진랍풍토기), Kỷ Nguyên Mới, 1973.

―――――, *Chân Lạp Phong Thổ Ký* (진랍풍토기), Văn Nghệ, 2007.

Ly Theam Teng (trans.), *Kom Nort Het Roboars Chiv Takwan* (진랍인의 전통에 대한 주달관의 연대기), Mohaleap Printing House, Phnom Penh, 3rd printing, 1973.

Nguyễn Đình Đầu, *Nghiên Cứu Địa Bạ Triều Nguyễn, Vĩnh Long* (-응우옌 왕조기 지부 地簿 연구, 빈롱), Nxb. Thành Phố Hồ Chí Minh, Ho Chi Minh City, 1994.

Pelliot, Paul, *Mémoires sur les coutumes du Cambodge de Tcheou Ta-Kouan*, Librarie d'Amerique et d'Orient, Paris, 1951.

Pelliot, Paul, trans. by J. Gilman d'Arcy Paul, *The Customs of Cambodia*, The Siam Society, Bangkok, 1993.

Pelliot, Paul, trans. by Michael Smithies, *The Customs of Cambodia,* The Siam Society, Bangkok, 2001.

Reid, Anthony, *Southeast Asia in the Age of Commerce 1450-1680* vol. one, Yale University Press, 1988.

찾아보기

ㄱ

가마 73, 74, 79, 107, 109, 207, 208, 227, 237, 238, 239
간통 144
강진 169, 175, 176
거북이 193, 194
건기 56, 134, 158, 159, 160, 161
건직 73, 200
고금설해본 9, 10, 18, 24, 82, 106, 128, 132, 154, 155, 158, 160, 169, 191, 197, 212, 216, 240
고금일사본 9, 10, 12, 13, 18, 24, 82, 88, 128, 132, 158, 160, 197, 212, 216, 240
고려도경 16, 21, 38, 210, 247
곤륜 28
광동 26, 34, 35, 247
광주 2, 34, 35
교역 5, 7, 21, 33, 67, 129, 181, 184, 204, 225
교장주 196
교지 26, 27, 39
군대 36, 37, 226, 227, 231, 236, 238
군주 90, 96, 229, 241, 242
궁궐 16, 134, 137, 138, 148, 241, 242
궁녀 90, 91, 92, 232, 233, 234, 238, 239, 240, 241
귀족 65, 86, 208, 236
글씨 80, 130, 131, 132
금불 49, 57, 238, 239
금창 60

금탑 48, 50, 51, 57, 58, 62, 63, 238, 239
기둥 55, 60, 61, 64
기름 73, 80, 146, 147, 169, 178, 209
까오미엔 192
껌뽕 33
껌뽕츠낭 32
꿰년 27

ㄴ

나가(naga) 43, 44, 63
남부베트남 24, 28, 29, 166, 168, 197, 246
남지나해 35
노비 22, 114, 127
노예 114, 115, 116, 117, 118, 119, 120, 127
누룩 195, 197, 198
누에 199, 200
니억뽀안 57

ㄷ

다라수 80, 130
당인 156, 163, 164, 195, 205, 217, 223, 225
당화 22, 181, 183, 200, 243
대승불교 24, 63, 132
도둑 146
도박 144
도사 53, 75, 82, 100, 101, 103, 112, 139
돌방 48, 57

돌부처 44
돌탑 48, 56
돗자리 154, 184, 204
동불상 56
동아시아 5, 6, 184
동탑 50, 51
두구 128, 129, 169, 175, 176
등황 177
뜨는 벼 162
띠엔장 20

ㄹ

라오스 34, 43, 79, 85, 173, 196, 212
로반 52, 53, 54
링가 83, 84, 85, 150, 224, 237

ㅁ

마르코 폴로 15, 16
마자파힛 7
말레이 7, 33, 67, 87, 121, 174, 184, 195
망그로브 31
메콩 7, 20, 29, 30, 31, 32, 34, 35, 39, 40, 67, 163, 166, 167, 173, 186, 187, 189, 196, 197, 203, 243, 246
면화 128
명주 38, 184, 204
모기장 205
목면 128, 129, 191, 192, 199
목욕 93, 95, 96, 150, 151, 152, 202, 220, 221, 222, 223, 224, 226
목화 191
몬-크메르 25, 121
몽골 5, 82, 132, 133, 226

무기 136, 227, 228, 230, 231, 239
무역 22, 35, 180, 182, 184, 205, 247
문둥병 151, 152, 153
문둥이 151
문자 5, 19, 22, 45, 130, 132, 133
물고기 163, 170, 193, 194, 205, 209
물소 168
미토 30, 168, 189
밀당주 195
밀랍 172

ㅂ

바늘 183, 200
바레이 56, 57, 63, 161
바켕 52, 53
바푸온 50, 51, 54
반우 33, 34
밥 80, 82, 95, 96, 164, 195, 201, 202
백두구 176
뱀 43, 44, 57, 62, 80, 89, 194, 230
버마 6, 7, 36, 67, 75, 85, 87, 184, 196
번왕 62, 90
번인 140, 146, 170, 172, 175, 177
번주 90, 95, 96
베이온 48, 51, 58, 63, 66, 88, 227, 228
벼 태우기 137, 138
변소 163
보검 238, 240
보살 42, 45, 48, 56, 57, 63, 79
복식 11, 22, 66, 88, 184, 226
부녀 68, 70, 86, 87, 92, 96, 138, 164, 200, 223
부엌 79, 80
부처 43, 44, 45, 56, 68, 78, 79, 80, 81,

93, 137, 182, 202, 219, 239
불교 8, 14, 21, 24, 60, 63, 65, 75, 77, 79, 80, 81, 82, 85, 130, 132, 138, 155, 157, 190, 214, 235, 239
불상 56, 78, 79, 137, 138, 235, 238, 239
불상 씻기 138
붕따우 28, 166
브라만 75, 76, 77, 139
비단 183, 184, 200, 205, 207
비쉬누 44, 53, 56, 63, 76
비자야 27, 124, 125
비취 169, 170, 187
빈딘 27
빈랑 104, 136, 209
뽕나무 178, 199
뿌르샷 32
쁘로혹 198

ㅅ

사고전서본 9, 10, 13, 15, 18, 24, 82, 106, 128, 132, 154, 155, 158, 160, 169, 191, 197, 212, 216, 240
사암 41, 46, 55
사원 42, 48, 49, 50, 51, 52, 53, 54, 55, 57, 58, 63, 79, 82, 88, 107, 214, 227, 231
사이공 12, 173, 186, 192, 212, 213
사직단 82, 83, 84, 85
사탕수수 185, 186
사탕야자 196, 203
산마 188, 189
산스크리트어 124, 132, 133, 134, 245
산우 189, 190
상아 169, 171, 175, 239

생선장 198
샴(인) 33, 34, 67, 87, 121, 199, 200, 214, 226, 228
석탑 48, 52, 56, 148, 149
선원 31, 225
성곽 7, 10, 22, 41, 42, 43, 46, 47, 48, 57, 58, 63, 87, 143, 242, 243
성교 84, 108, 152
섹스 152
소게투 36
소금 95, 96, 197, 198, 212
소수 민족 114, 115, 127, 129, 171
소승불교 8, 75, 81, 85
속짬 197
쇠뇌 136
수레 16, 137, 188, 207, 208, 227, 235, 236, 237, 240, 242
수리야바르만 2세 6, 7, 53, 63
수마트라 67, 234
수코타이 7, 34, 67, 142, 215, 227
술담그기 195
술잔 203
승려 75, 76, 78, 79, 80, 81, 82, 100, 103, 105, 107, 108, 109, 110, 112, 132
시바(교, 상) 53, 56, 63, 76, 77, 79, 83, 100, 150, 214, 237
시엠립 34, 35, 58, 87, 110, 159, 161, 194, 222, 223, 224, 245
시장 153, 179, 180, 181
식초 197, 198
쌀(소주) 96, 104, 138, 154, 195, 196, 203, 206
쓸개 216, 217, 218

ㅇ

아쎄 234
악어 39, 193, 194
앙두옹 왕 155, 157
앙코르왓 6, 7, 11, 15, 41, 53, 54, 55, 63, 66, 228, 245
앙코르톰 8
야생 소 167, 168
야소바르만 1세 52, 151
야인 22, 114, 115, 118, 120, 127, 128, 129, 171, 176, 182, 217, 219, 242
야자나무 46, 80, 195
약재 39, 174, 175, 176, 184, 192
언어 11, 19, 70, 121, 122, 126, 133, 246
여성(상, 성) 5, 46, 66, 71, 81, 82, 83, 87, 88, 90, 91, 92, 94, 96, 97, 98, 99, 101, 102, 104, 113, 129, 138, 144, 149, 162, 164, 180, 181, 200, 206, 221, 222, 223, 224, 230, 231, 232, 233, 234, 236, 237, 239, 242
여성 전사 234
여장(女墻) 46
역대소사본 9, 10
역참 215
연못 159, 164, 170, 220, 221, 223
영파 38, 40
온주 8, 26, 38, 183
왕궁 42, 58, 59, 62, 63, 90, 135, 234
요니 83, 84
우기 32, 39, 56, 134, 158, 159, 160, 161, 181, 194
우유의 바다 43, 44
운남 6, 25, 29

원나라 5, 21, 24, 26, 27, 36, 156, 224, 226, 227, 243
원제국 5, 6, 7, 11, 244
위구르 132, 133
육두구 176
은주 91, 92, 183, 184
이형인 94, 182
인도네시아 6, 7, 36, 176, 184
인도차이나 6, 29, 179, 191
인드라바르만 2세 8
인드라바르만 3세 8, 230
인분 163, 218
일산 73, 74, 79, 107, 109, 208, 236, 237, 238, 239

ㅈ

자단 175
자바 67, 234
자야바르만 2세 7, 63
자야바르만 7세 8, 41, 48, 57, 63, 151
자야바르만 8세 8, 152, 230
장례 154
저수지 56, 158, 159, 221
절강 8, 26, 38, 183, 186, 204, 245
점성 26, 27, 28, 33, 34, 36, 38, 39
조공(관계, 사절, 질서) 6, 7, 37, 39, 175, 176, 184
조주 12
주상가옥 64, 117, 161, 204, 205
주술 84, 153
중국인 11, 12, 13, 16, 21, 35, 41, 46, 54, 66, 70, 71, 86, 87, 92, 94, 96, 98, 101, 108, 118, 119, 125, 129, 156, 157, 165, 180, 181, 182, 183, 184, 211, 218, 221,

　　　　222, 224, 228, 243
지붕 43, 59, 60, 61, 64, 78, 79, 163, 209
진가란 91, 92
진담 100, 101, 102, 103, 104, 105, 106, 107, 111, 112, 113
진포 28, 166, 194, 197, 212

ㅊ

참지형 47
참파 6, 7, 11, 27, 28, 36, 67, 121, 184, 216, 217
참파싹 34
처첩 62, 237
천문 72, 139
철필 80
첸라 25
촌락 5, 23, 33, 86, 126, 172, 173, 174, 214, 217, 243
촛불 102, 232, 233, 235
출산 5, 22, 95, 96, 99, 169
춤 138
칠주양 26
침상 205
침향 175, 176

ㅋ

코끼리 39, 44, 57, 60, 61, 80, 137, 138, 169, 171, 188, 190, 208, 227, 228, 236, 237, 238, 239
코뿔소 169
쿠빌라이 7, 36, 37
쿨렌산 63, 150
크떠이 94
크메르(어, 인) 7, 12, 20, 25, 79, 87, 116,

121, 124, 129, 133, 141, 161, 192, 194, 210, 228, 238, 246
크메르루주 25, 217

ㅌ

태국 7, 21, 43, 76, 85, 142, 184, 200, 212, 215, 234
톤레삽(호) 7, 29, 32, 33, 115, 159, 160, 161, 163, 168, 193, 194, 221
투석기 136, 226, 227
트랜스젠더 94
티벳 7, 24, 25, 29, 121, 132, 133

ㅍ

파스파 132
팍세 212, 213
푸난 24, 25, 184
프놈펜 58, 191, 246
프랑스원동학원 10, 245
피마나카스 51, 62
피마이 212, 213

ㅎ

하늘궁 51
해남도 26
해자 42, 44, 53, 54
향약(香藥) 93
형벌 145, 146, 147
혼인 72, 99, 101, 111
화약 184, 227
화이적 16, 21, 108
화황 169, 177
황금창 61, 63

황금칼 68, 69
후추 179
힌두(교) 24, 53, 65, 75, 76, 77, 79, 157, 190

진랍풍토기(眞臘風土記)
캄보디아, 1296-1297년

초판   1쇄 발행 / 2013. 11. 11
개정판   1쇄 발행 / 2016. 4. 4
개정판 2 1쇄 발행 / 2016. 9. 5

지은이 / 주달관
옮긴이 / 최병욱
펴낸이 / 권오진
펴낸곳 / 도서출판 산인
　　　　출판등록 제 2013-11
　　　　경기도 광주시 퇴촌면 소미길 18
　　　　tel. 031. 769. 1045 / fax. 031.763. 1046
　　　　e-mail. sanin@saninbooks.com

디자인 / 장윤미
인쇄 / 우진테크

ISBN 979-11-951442-7-3 (03910)

※ 이 책의 본문 용지는 그린라이트 80g, 표지는 말똥종이 209g을 사용하였습니다.
※ 이 책의 일부 또는 전부를 재사용하려면 반드시 저작권자와 출판사 양측에 동의를 받아야 합니다.
※ 책값은 뒤표지에 있습니다.